职业教育财经类专业教学用书

会计综合实训

全国会计专业实践教材编写委员会 编 著

蔡宝兰 孟 琛 主 审

電子工業出版社
Publishing House of Electronics Industry
北京・BEIJING

内 容 简 介

本书分为两篇。第一篇为综合实训准备，以情景化的形式由浅入深地逐一介绍会计核算流程中各个环节的基础知识、实务操作要领和注意事项等，由易到难地逐步提升读者的实务操作基础技能；内容通俗易懂，具有很强的实用性。第二篇为综合业务实训，以情景化的形式分别完整地模拟了三个实训企业的业务核算过程，覆盖了实务中加工制造业、商品流通业和服务业的常见业务，以提高读者进行实务操作的综合能力。

本书既可以作为职业院校财经类专业教学用书，也可作为在职财会人员的自学教材和培训教材。

图书在版编目（CIP）数据

会计综合实训 / 全国会计专业实践教材编写委员会编著. —北京：电子工业出版社，2019.8
ISBN 978-7-121-37191-2

Ⅰ. ①会…　Ⅱ. ①全…　Ⅲ. ①会计学－教材　Ⅳ. ①F230

中国版本图书馆 CIP 数据核字（2019）第 165449 号

策划编辑：徐　玲
责任编辑：王凌燕
印　　刷：北京七彩京通数码快印有限公司
装　　订：北京七彩京通数码快印有限公司
出版发行：电子工业出版社
　　　　　北京市海淀区万寿路 173 信箱　邮编　100036
开　　本：787×1 092　1/16　印张：17.75　字数：454.4 千字
版　　次：2019 年 8 月第 1 版
印　　次：2019 年 8 月第 1 次印刷
定　　价：39.00 元

凡所购买电子工业出版社图书有缺损问题，请向购买书店调换。若书店售缺，请与本社发行部联系，联系及邮购电话：（010）88254888，88258888。

质量投诉请发邮件至 zlts@phei.com.cn，盗版侵权举报请发邮件至 dbqq@phei.com.cn。

本书咨询联系方式：xuling@phei.com.cn。

前　言

古人云："天下之事，闻者不如见者知之为详，见者不如居者知之为尽。"这句话深刻阐明了实践的重要性。对于财会工作来说，更是如此。然而，对于会计专业毕业生及准备从事财会工作的人员来说，恰恰就存在"实务操作技能和经验欠缺"这一短板。

那么，会计专业毕业生及准备从事财会工作的人员该如何补齐这一短板，在初入职场时就做到"知行合一"，从而脱颖而出呢？——提前进行会计实务操作模拟实训是达到这一目标的有效途径。

有鉴于此，本书紧扣"实训"二字，第 1 篇根据会计核算流程，以情景化的形式帮助读者理解会计实务各个环节的基础知识并引导读者动手操作，以掌握会计凭证的填制和审核、会计账簿的登记等各项基本技能。第 2 篇是在第 1 篇的基础上进行综合业务实训，该篇根据各类企业的会计处理流程进行仿真演练，业务资料涵盖材料采购、产品销售、费用报销、成本核算等内容，一一展现会计核算的全过程，理论结合实践，强化提升实务操作能力，以解决会计专业毕业生及准备从事财会工作的人员的实务操作技能不足的"痛点"。

本书具有如下特点。

1. 情景化模式

本书以情景化的模式再现了财会人员在实务中可能遇到的各类业务和问题，代入感强，更有利于读者理解和掌握相关知识和技能。

2. 行业覆盖全面

本书综合业务实训篇分别选取了加工制造业、商品流通业和服务业这三个常见行业的企业进行模拟实训，以满足不同行业财会工作者的学习需求。

希望通过本书的训练，能够帮助读者迅速了解实务工作，为以后的工作提供规范化的指导。

编著者

目　录

第 1 篇

综合实训准备

任务1

会计工作的职责及内容

活动 1　会计工作的职责

【情景导入】

2019 年 7 月，李娜就要从职业学校财会专业毕业了，李娜想给自己做个职业规划，想和师姐一样做个会计。从网上查阅资料发现会计每天的工作就是填制和审核凭证、登记账簿，按时出具财务报表和及时纳税。会计工作就是这些吗？为了将来能更好地胜任会计工作，李娜决定向师姐请教有关会计方面的知识。师姐也给李娜提出了以下两个问题。

会计的职责就是"记账"吗？

会计可以同时管"钱"和管"账"吗？

【学习环境】

本活动的教学内容可在一般教室进行。在教学过程中，通过教师讲授，使学生理解会计工作的职能及目标。

会计是以货币为主要计量单位，采用专门方法和程序，对企业和行政、事业单位的经济活动进行完整的、连续的、系统的核算和监督，以提供经济信息和反映受托责任履行情况为主要目的的经济管理活动。会计的职能如图表 1-1 所示。

图表 1-1

会计的职能

会计职能		具体内容
基本职能	核算职能	会计以货币为主要计量单位，对特定主体的经济活动进行确认、计量和报告
	监督职能	对特定主体经济活动和相关会计核算的真实性、合法性和合理性进行审查
	核算和监督的关系	两者相辅相成、辩证统一 会计核算是会计监督的基础，没有会计核算所提供的各种信息，会计监督就失去了依据；会计监督又是会计核算质量的保障，只有会计核算，没有会计监督，就难以保证核算提供信息的质量
拓展职能		预测经济前景、参与经济决策、评价经营业绩

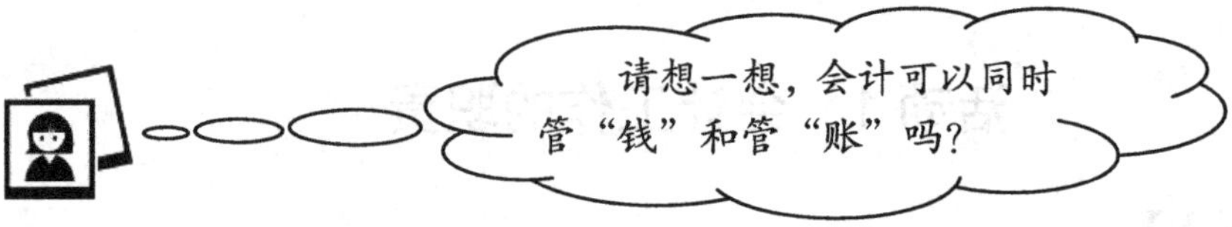

俗话说“管钱的不管账，管账的不管钱”。会计必须与出纳的工作相分离，各单位应该配备专门的人员负责现金收付和保管业务，其他人员不得兼管现金收付和保管业务。同时，出纳不得兼管收入、支出、费用、债权、债务等账目的登记及会计稽核、会计档案保管等工作。如果相关人员既管钱又管账，容易给其犯错误留下空间，有可能造成贪污、侵吞、挪用资金等行为，若时间长、金额大，会给公司带来不可挽回的损失。因此，银行存款和现金总账等由会计人员完成，同时及时对账，而出纳人员按日登记银行存款和现金日记账，做到日清月结，这样可形成有效的内控监督防范机制。

专业知识链接

内部牵制制度，是以账目间的相互核对为主要内容并实施岗位分离，以确保所有账目正确无误的一种控制机制。它是内部会计控制制度的重要内容之一，主要包括：

（1）内部牵制制度的原则，即机构分离、职务分离、钱账分离等。

（2）对出纳等岗位的职责和限制性规定。

（3）有关部门或领导对限制性岗位的定期检查办法。

活动2　会计工作的内容

【情景导入】

听了师姐的讲解，李娜有种豁然开朗的感觉。但是明确了会计岗位职责以后，还是对会计工作的具体内容和工作流程有些模糊，你能帮助她解答下面的问题吗？

会计和出纳的工作内容有什么不同？

会计工作有具体的核算流程吗？

【学习环境】

本活动的教学内容可在一般教室进行。在教学过程中，通过教师讲授，使学生了解会计工作的主要内容及会计工作流程。

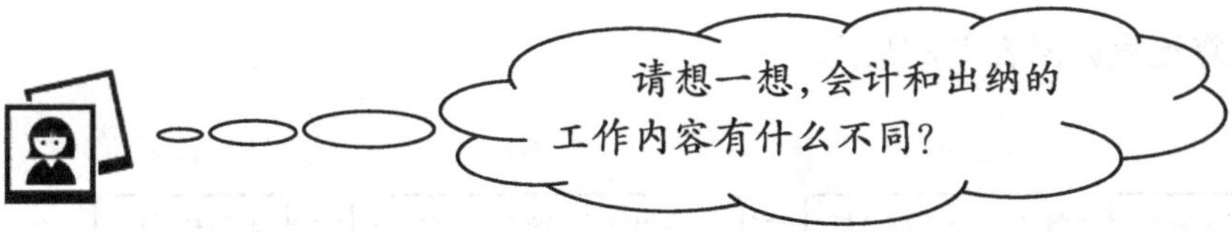
请想一想，会计和出纳的
工作内容有什么不同？

会计的基础工作是指单位或部门根据会计核算和监督的要求设置会计机构、配备会计人员、进行会计核算、实行会计监督、预测经济前景、参与经营决策、考核经济责任的一系列最基本、最基础的工作。会计工作的主要内容如下：

- 认真审核原始凭证，对违反规定或不合格的凭证应拒绝入账。要严格掌握开支范围和开支标准。
- 负责记好财务总账及各种明细账目。手续完备、数字准确、书写整洁、登记及时、账面清楚。
- 负责编制月、季、年终决算和其他方面的有关报表。
- 定期核对固定资产账目，做到账物相符。
- 上级财务机关检查工作时，要负责提供资料和反映情况。
- 定期装订会计凭证、账簿、表册等，妥善保管和存档。
- 协助出纳做好工资、奖金的发放工作。
- 负责掌管财务印章，严格控制支票的签发。
- 按期填报会计报表和税务报表，定期申报纳税，认真自查，按时报送会计资料。

出纳工作的主要内容如下：

- 管理库存现金，严格执行现金管理和银行结算制度。
- 负责现金收支和银行结算业务。
- 负责登记现金日记账、银行存款日记账。
- 负责保管库存现金、有价证券、各种票据和相关印章。

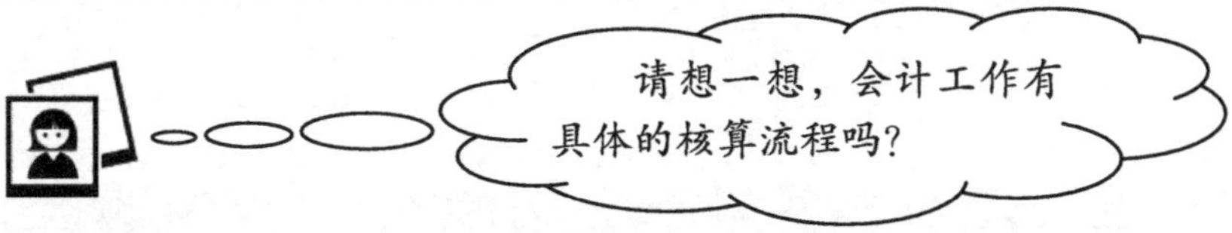
请想一想，会计工作有
具体的核算流程吗？

会计机构、会计人员依照法律规定进行会计核算，实行会计监督。各单位必须根据实际发生的经济业务事项进行会计核算，填制会计凭证，登记会计账簿，编制财务会计报告。任何单位不得以虚假的经济业务事项或资料进行会计核算。

会计核算流程如图表 1-2 所示。

图表 1-2

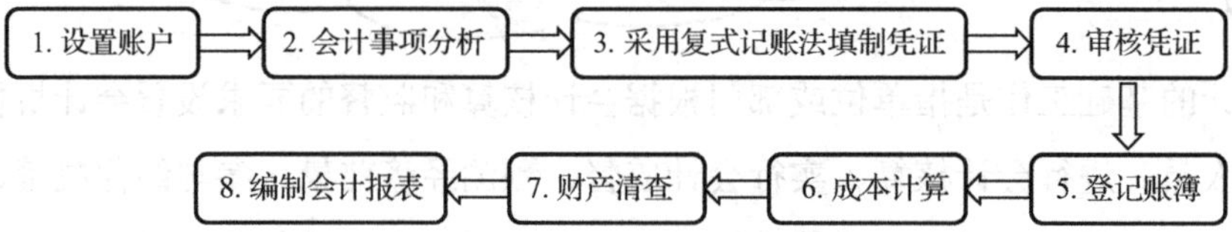

任务 2

会计凭证的填制和审核

活动 1　原始凭证的认知、填制和审核

【情景导入】

李娜经过师姐的指导，对会计工作有了一定了解，通过师姐的推荐，也成功地在师姐的公司里做了一名实习生。所谓“实践出真知”。李娜非常珍惜这次难得的实习机会。李娜在做好本职工作的同时立刻“拜师学艺”。师傅说，要想学，就从你每天看见的原始凭证开始吧。

【实例 1】

师傅让李娜练习填制一张借款申请单，借款日期是 2019 年 10 月 2 日，借款人是采购部的王立立，借款用途是差旅费，借款金额是¥3 008.06。李娜认为这个简单，为了容易修改，拿起手边的铅笔就填了起来，很快就填好了，我们一起来看看填的对错吧。李娜填制的原始凭证如图表 2-1 所示。

图表 2-1

借款申请单

2019 年 1 月 2 日

借款部门	采购部	王立立	
用　　途	差旅费		
金额（大写）人民币　叁千零佰零捌元零角陆分整　　¥　3 008.06 元			
领导批准	张瑞	借款人签字	王立立

【提示】

（1）借款日期应该写作 2019 年 10 月 02 日；（2）“人民币”字样和大写金额之间不得留有空白；（3）币种符号与阿拉伯金额数字之间不得留有空白；（4）凡阿拉伯金额数字前写有货币币种符号的，数字后面不再写货币单位；（4）大写金额应为：人民币叁仟零捌元零陆分；（5）不能用铅笔进行书写，只能用黑色签字笔填写原始凭证，不得涂改。

什么是原始凭证？

填制原始凭证时对用笔有什么要求？

填制原始凭证时应如何书写好数字？

填制原始凭证时的具体要求是什么？

填制原始凭证错误时应如何修改？

审核原始凭证时应注意哪些内容？

【学习环境】

本活动的教学内容可在一般教室进行。在教学过程中，通过教师讲授使学生理解原始凭证的概念及分类、掌握原始凭证的填制和审核。需要准备的教具应选择有代表性的原始凭证，如职工工资分配表、差旅费报销单、增值税专用发票、固定资产计提折旧表等。

在教学过程中，教师通过实物展示，使学生了解单位的经济业务是以原始凭证体现的，提供多种已填制的原始凭证，使学生明确不同的原始凭证在填制时应注意的事项，学会原始凭证的填制和审核。

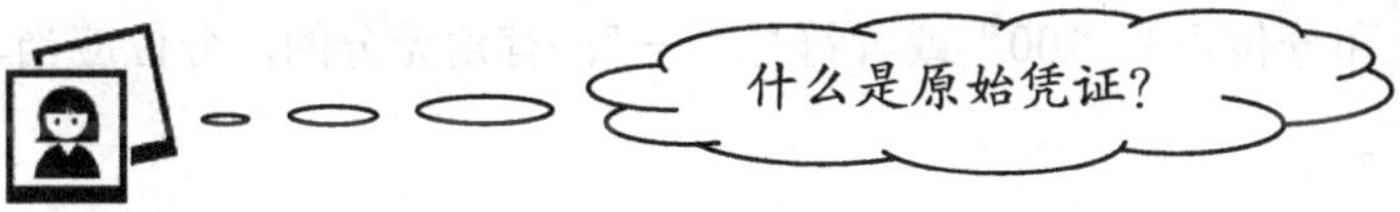
什么是原始凭证？

原始凭证是在经济业务发生或完成时取得的，用以证明经济业务已经发生或完成的最初书面证明文件，是会计核算的原始资料、编制记账凭证的依据。

原始凭证按取得的来源可分为自制原始凭证和外来原始凭证。自制原始凭证是本单位内部发生经济业务时，由本单位内部经办业务的部门或个人填制的凭证。例如，仓库保管人员填制的入库单、领料部门填制的领料单、出差人员填制的差旅费报销单等。外来原始凭证是与外单位发生经济业务时，从外单位取得的凭证。例如，购货时取得的发票，出差人员报销的车票、飞机票、住宿费发票等。

原始凭证均有严格的填制规范，自制原始凭证更是如此。外来原始凭证一般以取得的正规发票为主，需要仔细辨别其真伪。

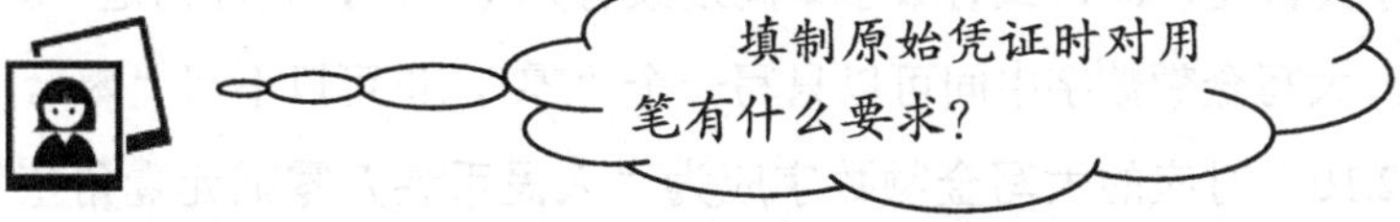
填制原始凭证时对用
笔有什么要求？

- 对需要套写的原始凭证（一式多联，需要复写纸）用黑色签字笔书写（如进账单等）。
- 对单联的原始凭证用黑色签字笔书写（如支票等）。
- 有些原始凭证是机打的（如增值税专用发票等）。

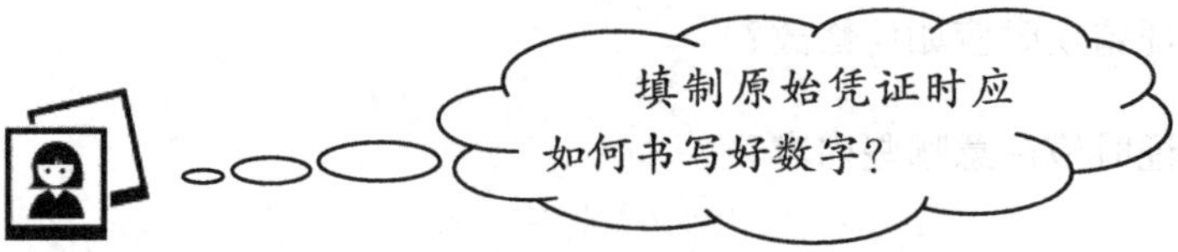

数字和货币符号的书写要求如下：

（1）会计金额小写规范。

① 阿拉伯数字应当一个一个地写，不得写连笔字。特别是在要连着写几个“0”时，也一定要单个地写，不能将几个“0”连在一起一笔写完。

② 阿拉伯金额数字前面应当书写货币币种符号或货币名称简写，如人民币符号为“¥”。币种符号与阿拉伯金额数字之间不得留有空白。

③ 凡阿拉伯金额数字前写有货币币种符号的，数字后面不再写货币单位。

④ 金额数字一律填写到角、分。

无角、分的，角位和分位可写“00”或者符号“—”；有角无分的，分位应当写“0”，不得用符号“—”。

（2）会计金额大写规范。

① 会计金额的中文大写数字应用正楷或行书填写，如壹、贰、叁、肆、伍、陆、柒、捌、玖、拾、佰、仟、万、亿、元、角、分、零、整（正）等字样。

不得用一、二（两）、三、四、五、六、七、八、九、十、念、毛、另（或0）填写，不得自造简化字。

② 大写金额前未印有“人民币”字样的，应加写“人民币”三个字，“人民币”字样和大写金额之间不得留有空白。

例如，人民币捌元玖角整，不能写作“人民币　捌元玖角整”。

③ 大写金额到元或角为止的，之后应当写“整”字或“正”字；大写金额数字有分的，分字后面不写“整”字或“正”字。

④ 小写金额数字元位是“0”，或者数字中间连续有几个“0”，元位也是“0”，但角位不是“0”时，大写金额数字中间可以只写一个“零”，也可以不写“零”。

例如，“¥30 002.10”对应的大写金额数字应为“人民币叁万零贰元壹角整”；“¥8 970.38”对应的大写金额数字应为“人民币捌仟玖佰柒拾元零叁角捌分”，或者为“人民币捌仟玖佰柒拾元叁角捌分”。

⑤ 凡填有大写和小写金额的原始凭证，大写与小写的金额必须相符。

填制原始凭证的具体
要求是什么？

原始凭证的填制要求如下：

（1）记录真实。

（2）内容完整。

（3）手续完备。

① 单位自制的原始凭证必须有经办人、证明或验收人、审核人、审批人签字。

② 对外开出的原始凭证必须加盖本单位印章。

③ 从外部取得的原始凭证必须盖有填制单位的印章。

④ 从个人取得的原始凭证必须有填制人员的签名。

（4）书写清楚、规范。

（5）连续编号。如果原始凭证已预先印定编号，写坏作废时应加盖“作废”戳记，不得撕毁。

（6）不得涂改、刮擦和挖补。

（7）及时填写、及时送交会计机构、及时审核。

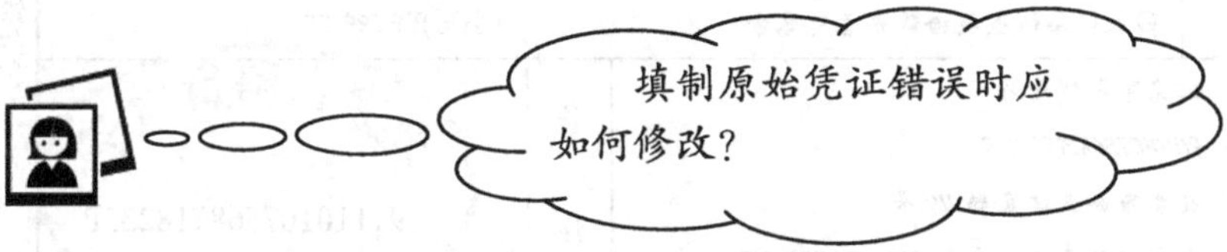
填制原始凭证错误时应
如何修改？

原始凭证如有错误，应当由出具单位重开或更正，更正处应当加盖出具单位印章。

原始凭证金额有错误的，应当由出具单位重开，不得在原始凭证上更正。

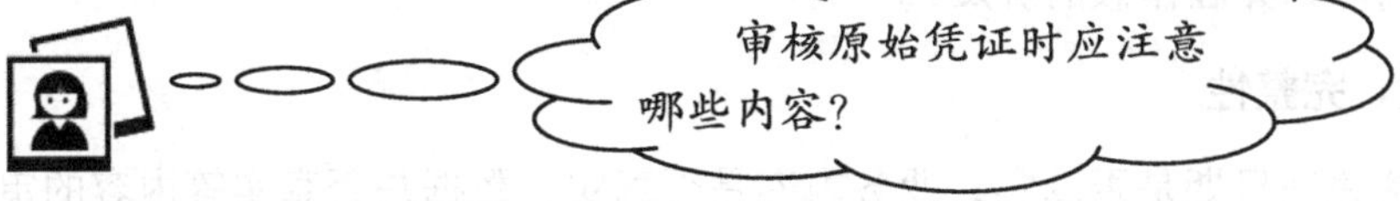
审核原始凭证时应注意
哪些内容？

1．合法性、合理性

审核原始凭证所记录经济业务是否违反国家法律法规，审核原始凭证所记录经济业务是否符合企业生产经营活动的需要，是否符合有关的计划和预算等。

【实例 2】

师傅刚给李娜介绍完原始凭证填制的相关要求，恰巧采购部员工张军持购买计算机的发票前来报销，于是师傅决定考考李娜，让她审核一下这张销售发票（见图表 2-2）。你也一起看看这张销售发票是否存在问题吧。

图表 2-2

北京市增值税专用发票

发 票 联

（全国统一发票监制章 北京市 国家税务局监制）

1131196203　　　　　　　　NO 02348445

开票日期：2019 年 10 月 10 日

购货单位	名　　称：北京市大顺有限责任公司 纳税人识别号：91110108687607199P 地 址、电 话：北京市人民大街 158 号 010-81308845 开户行及账号：中国工商银行西红门分理处 000234589143234712З	密码区	33354　　　加密版本：01 22+44/<>4360<->*/+ 388600<>? 3477442+　3342295889 326555 1 //--7767777　13450889

货物或应税劳务名称	规格型号	单位	数量	单价	金额	税率	税额
计算机	戴尔 7X01	台	1	8610.00	8 610.00	13%	1 119.30
合　计					¥8 610.00		¥1 119.30
价税合计（大写）	⊗玖仟柒佰贰拾玖元叁角零分				(小写)¥9 729.30		

销货单位	名　　称：北京市科贸电子 纳税人识别号：91110107568718233P 地 址、电 话：北京市西三环东路 119 号 开户行及账号：招商银行大运村支行 000353535450124	备注	（北京市科贸电子 91110107568718233P 发票专用章）

第三联：发票联　购货方记账凭证

收款人：林纳　　　复核：陈晨　　　开票人：刘壮　　　销货单位（章）：

【提示】

发票显示计算机单价为 8 610 元，结合该计算机型号，相对于现在市场价格来说明显有些偏高，有弄虚作假的嫌疑。

2. 真实性、完整性

真实性包括凭证日期是否真实、业务内容是否真实、数据是否真实等内容的审查；完整性包括对原始凭证的内容和填制手续的完整性进行审查，必须具备的基本内容是否齐全、填写有无缺陷、有关人员签章是否齐全等。

【实例 3】

2019 年 10 月 11 日，行政部员工持发票（含发票联和抵扣联）前来报销，其中的发票联如图表 2-3 所示，师傅让李娜试着审核该增值税专用发票的发票联。你也一起看看这张销售发票是否存在问题吧。

图表 2-3

北京市增值税专用发票

北京市 发票联 国家税务局监制

1120073445　　　　NO　01239556

开票日期：　2019 年 10 月 11 日

<table>
<tr><td rowspan="2">购货单位</td><td colspan="4">名　称：北京市大顺有限责任公司
纳税人识别号：9111010876876071987P
地 址、电 话：北京市人民大街 158 号 010-81308845
开户行及账号：中国工商银行西红门分理处 0002345891432347123</td><td>密码区</td><td colspan="3">22243　加密版本：01
88+77/<>3259<->*/+
366599<>? 2366331+　2231184667
215444 0 //--6659999　02340778</td></tr>
<tr><td colspan="8"></td></tr>
<tr><td colspan="2">货物或应税劳务名称</td><td>规格型号</td><td>单位</td><td>数量</td><td>单价</td><td>金额</td><td>税率</td><td>税额</td></tr>
<tr><td colspan="2">绿色植物
合　计</td><td></td><td>盆</td><td>10</td><td>50.00</td><td>500.00
¥500.00</td><td>13%</td><td>65.00
¥65.00</td></tr>
<tr><td colspan="2">价税合计（大写）</td><td colspan="7">⊗伍佰陆拾伍元整　　　　(小写)¥565.00</td></tr>
<tr><td>销货单位</td><td colspan="4">名　称：北京市大农公司
纳税人识别号：91110798708277P
地 址、电 话：北京市鲁谷大街 23 号
开户行及账号：中国银行旧宫支行 000353535446</td><td>备注</td><td colspan="3"></td></tr>
</table>

第三联：发票联　购货方记账凭证

收款人：徐洋　　复核：刘杰　　开票人：徐洋　　销货单位（章）：

【提示】

右下角缺少销货单位发票专用章。

3. 正确性

（1）接受原始凭证单位的名称是否正确。

（2）审核原始凭证各项金额的计算及填写是否正确。

（3）更正是否正确。

【实例 4】

2019 年 10 月 12 日，生产部员工持门诊收费收据前来报销，师傅让李娜试着审核该门诊收据（见图表 2-4），你也一起看看这收据是否存在问题吧。

图表 2-4

北京市门诊收费用专用收据

北京市

姓名：韩辉

项目	金额	项目	金额
西药	178.00	输氧费	
中成药		手术费	
中草药		治疗费	
常规检查		放射费	55.00
CT		化验费	
核磁		输血费	45.00
B超			
合　计	178.00	合　计	100.00
人民币（大写）	贰佰柒拾元整		

北京附属第三人民医院 收款专用章

收费员：李依然　　　　日期：2019 年 10 月 12 日

【提示】

大写金额计算不正确。

请你运用上面所学的知识来填一填李娜填过的这张借款单，并且和同学之间互相审核一下吧。

图表 2-5

借款申请单

年　月　日

借款部门			
用　　途			
金额（大写）人民币		¥	
领导批准		借款人签字	

活动 2　记账凭证的填制和审核

【情景导入】

李娜经过一段时间的学习，对原始凭证有了一定的了解，师傅让她可以试着练习一下记账凭证啦。对于李娜来说，初次接触记账凭证有些不知所措，把注意力都集中在会计分录上，对于摘要、日期、编号及附件张数等没经过思考，有时候就空着。但是，慢慢地，李娜发现这么做的弊端还不少，有的记账凭证和原始凭证对应不起来，由于摘要写得不清楚，也无法发现这些原始凭证是记账时漏记的还是错记的；有的凭证上没有计算出合计金额，导致最后核算的时候借贷不平衡；有的记账凭证与原始单据不符，这是财务工作的大忌，很容易产生漏洞、弄虚作假甚至造成经济损失。这些问题让李娜有些垂头丧气，你能帮助李娜规避这些问题吗？

【实例 1】

师傅让李娜练习填制一张记账凭证。2019 年 10 月 20 日，从北京市众达电子购入 4 台计算机，已经验收入库，当日通过转账支票支付货款。相关的原始凭证如图表 2-6、图表 2-7、图表 2-8 所示。你也来填一下这张记账凭证吧。

图表 2-6

中国工商银行
转账支票存根（京）
XⅣ00032640

附加信息

出票日期　2019 年 10 月 20 日

收款人：	北京市众达电子
金　额：	¥19 024.00
用　途：	货款

单位主管　李瑞　会计　陈纳

图表 2-7

固定资产入库单

2019 年 10 月 20 日　　　　　　　　　　第 3 号

编号	名称	规格	单位	应收数量	实收数量	单价	金额									供应单位名称
							百	十	万	千	百	十	元	角	分	
01	计算机	标准	台	4	4	4100.00			1	6	4	0	0	0	0	北京市众达电子

会计：陈纳　　仓库主管：李永　　保管：张婷婷　　验收：胡海　　采购：曹欣欣

图表 2-8

北京市增值税专用发票

北京市 国家税务局监制

发 票 联　　　　　　NO 02348445

1131196112

开票日期：2019 年 10 月 20 日

购货单位	名称：北京市大顺有限责任公司 纳税人识别号：91110108687607199P 地址、电话：北京市人民大街 158 号 010-81308845 开户行及账号：中国工商银行西红门分理处 0002345891432347123	密码区	33354　加密版本：01 22+44/<>4360<->*/+ 388600<>? 3477442+　3342295889 326555 1 //--7767777　13450889

货物或应税劳务名称	规格型号	单位	数量	单价	金额	税率	税额
计算机		台	4	4100.00	16 400.00	13%	2 132.00
合　计					¥16 400.00		¥2 132.00
价税合计（大写）	⊗壹万捌仟伍佰叁拾贰元整				(小写)¥18 532.00		

销货单位	名称：北京市众达电子 纳税人识别号：91110107568718233P 地址、电话：北京市西三环东路 150 号 开户行及账号：招商银行大运村支行 000353535449342	备注	北京市众达电子 91110107568718233P 发票专用章

收款人：陈海明　　复核：高飞　　开票人：陈海明　　销货单位（章）：

第三联：发票联　购货方记账凭证

在实际工作中，企业采用哪些类型的记账凭证？

填制记账凭证时需要填写哪些项目？

怎样填写记账凭证的日期？

怎样填写记账凭证的编号？

业务量大的单位其编号怎样填写？复杂的会计事项怎样编号？

如何处理所附原始凭证的张数？

填制记账凭证错误时应如何修改？

【学习环境】

本活动的教学内容应在模拟教室进行。在教学过程中，需要准备的教具有通用记账凭证、三套式专用记账凭证、五套式专用记账凭证等。在教学过程中，教师通过案例教学，使学生了解填制记账凭证的基本要求，掌握各种记账凭证的填制方法。

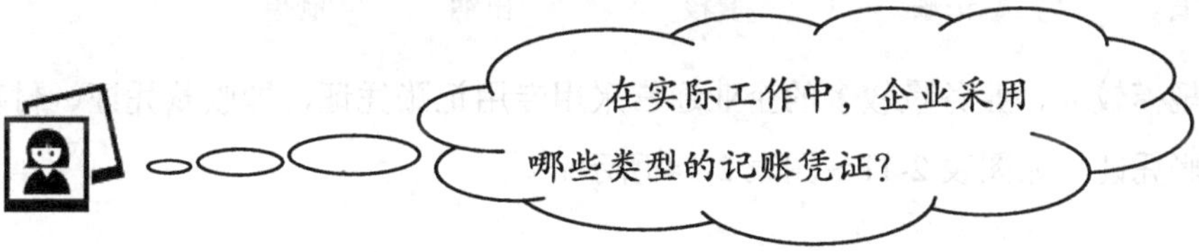

（1）规模较小、业务量较少的企业通常采用通用记账凭证，即无论收款业务、付款业务还是转账业务，均需编制统一格式的记账凭证，如图表 2-9、图表 2-10 所示。

图表 2-9

通用记账凭证（一）

年　月　日　　　　　　　　第　号

摘要	借方		√	贷方		√	金额							
	总账科目	明细科目		总账科目	明细科目		十	万	千	百	十	元	角	分
合　计														

附单据　张

会计主管　　记账　　复核　　出纳　　制单

图表 2-10

通用记账凭证（二）

年　月　日　　　　　　　　　　　　　第　号

摘要	总账科目	明细科目		借方金额									贷方金额							
				十	万	千	百	十	元	角	分		十	万	千	百	十	元	角	分
合　计																				

附单据　张

会计主管　　　记账　　　复核　　　出纳　　　制单

（2）规模较大、业务量较多的企业通常采用专用记账凭证，即收款凭证、付款凭证和转账凭证，如图表 2-11～图表 2-14 所示。

图表 2-11

收款凭证

借方科目：　　　　　年　月　日　　　　　____收字 第　号

摘要	贷方科目	明细科目	金　额								
			十	万	千	百	十	元	角	分	
合　计											

附单据　张

会计主管　　　记账　　　复核　　出纳　　　制单

图表 2-12

付款凭证

贷方科目：　　　　　　　　年　月　日　　　　　　　＿付字 第　　号

摘要	借方科目	明细科目	金额								
			十	万	千	百	十	元	角	分	
合　　计											

附单据　张

会计主管　　　记账　　　复核　　　出纳　　　制单

图表 2-13

转账凭证（一）

年　月　日　　　　　　　转字　第　　号

摘要	借方		√	贷方		√	金额							
	总账科目	明细科目		总账科目	明细科目		十	万	千	百	十	元	角	分
合　　计														

附单据　张

会计主管　　　记账　　　复核　　　制单

图表 2-14

转账凭证（二）

年　月　日　　　　　　　　　　转字 第　号

摘要	总账科目		明细科目		借方金额									贷方金额							
					十	万	千	百	十	元	角	分		十	万	千	百	十	元	角	分
合　计																					

附单据　张

会计主管　　　　记账　　　　复核　　　　制单

（3）有些企业还进一步分为现金收款凭证、现金付款凭证、银行收款凭证、银行付款凭证和转账凭证。

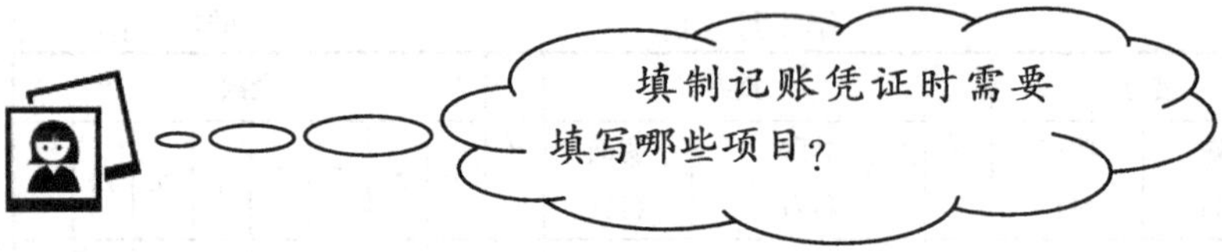

（1）凭证的日期。

（2）凭证编号。

（3）经济业务摘要。

（4）会计科目。

（5）金额。

（6）所附原始凭证张数。

（7）填制凭证人员、稽核人员、记账人员、会计机构负责人、会计主管人员签名或盖章。

记账凭证相关项目如图表 2-15 所示。

图表 2-15

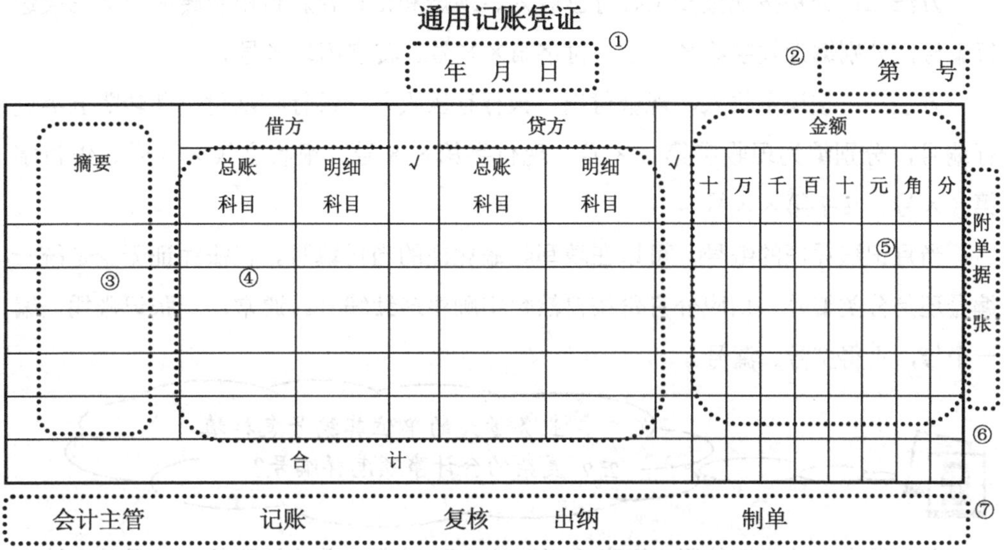

通用记账凭证
①
年 月 日
②
第 号
摘要
借方
总账科目
明细科目
√
贷方
总账科目
明细科目
√
金额
十 万 千 百 十 元 角 分
③
④
⑤
附单据 张
⑥
合 计
会计主管 记账 复核 出纳 制单
⑦

怎样填写记账凭证的日期？

（1）一般是填写财会人员填制记账凭证的当天日期，也可以根据管理需要填写经济业务发生的日期或月末日期，如报销差旅费的记账凭证填写报销当日的日期。

（2）现金收、付款记账凭证填写办理收、付现金的日期；银行收款业务的记账凭证一般按财会部门收到银行进账单或银行回执的戳记日期填写。

（3）当实际收到的进账单日期与银行戳记日期相隔较远，或者次月月初收到上月的银行收、付款凭证，可按财会部门实际办理转账业务的日期填写。

（4）银行付款业务的记账凭证，一般以财会部门开出银行存款付出单据的日期或承付的日期填写；属于计提和分配费用等转账业务的记账凭证，应以当月最后的日期填写。

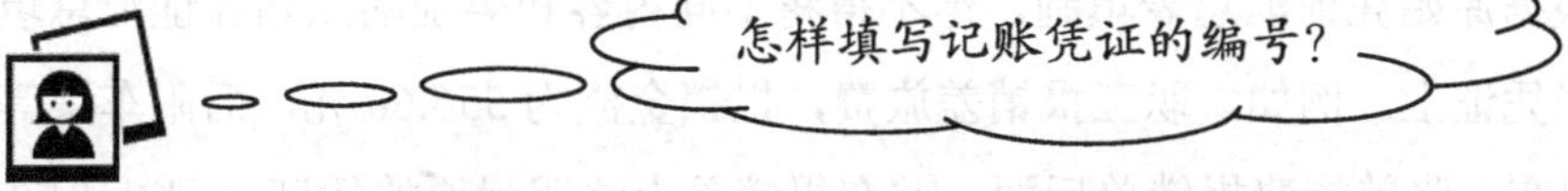

怎样填写记账凭证的编号？

目的：给记账凭证编号是为了分清记账凭证处理的先后顺序，便于登记账簿和进行记账凭证与账簿记录的核对，防止会计凭证的丢失，并且方便日后查找。

记账凭证编号的方法有多种。

方法一：将财会部门内的全部记账凭证作为一类统一编号，编为记字第××号。

方法二：分别按现金和银行存款收入、现金和银行存款付出及转账业务三类进行编号，分别编为收字第××号、付字第××号、转字第××号。

方法三：按现金收入、现金付出、银行存款收入、银行存款付出和转账五类进行编号，分别编为现收字第××号、现付字第××号、银收字第××号、银付字第××号、转字第××号。

当月记账凭证的编号，可以在填写记账凭证的当日填写。记账凭证无论是统一编号还是分类编号，均应分月份按自然数字顺序连续编号。通常，一张记账凭证编一个号，不得空号、漏号。

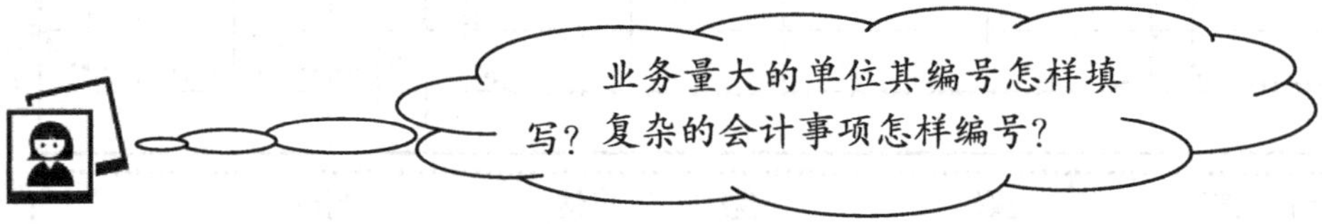

业务量大的单位其编号怎样填写？复杂的会计事项怎样编号？

业务量大的单位可使用“记账凭证编号单”，按照本单位记账凭证编号的方法事先在编号单上印满顺序号，编号时用一个销一个，由制证人注销，在装订凭证时将编号单附上，使记账凭证的编号和张数一目了然，方便查找。

复杂的会计事项需要填制两张或两张以上的记账凭证时，应编写分号，即在原编记账凭证号码后面用分数的形式表示。

例如，第 8 号记账凭证需要填制两张记账凭证，则第一张编号为 8（1/2），第二张编号为 8（2/2）。

如何处理所附原始凭证的张数？

记账凭证后所附原始凭证，其数量繁多，是编制记账凭证的根据，为了便于以后装订、保管和查阅，必须在记账凭证上填写所附原始凭证的张数，并且两者应当一致。

记账凭证可以根据每一张原始凭证填制，或者根据若干张同类原始凭证汇总填制，也可以根据原始凭证汇总表填制，但不得将不同内容和类别的原始凭证汇总填制在一张记账凭证上。例如，职工报销差旅费，报销金额为 556.60 元，后附车票等 3 张，均应附在一张差旅费报销单后面，并在报销单上注明附原始凭证 3 张，但在填制记账凭证时，所附原始凭证张数应填 1 张，即差旅费报销单。相关说明如图表 2-16 所示。

图表 2-16

注明附原始凭证 3 张

差旅费报销单

部门 销售部　　　　2018 年 12 月 06 日

出差人	曾军	出差事由	2019 年订货会

出发				到达				交通工具	交通费		出差补贴		其他费用		
月	日	时	地点	月	日	时	地点		单据张数	金额	天数	金额	项目	单据张数	金额
11	22		北京	11	22		广州	飞机		428.60			住宿费	1	125.00
11	23		广州	11	23		北京	火车		128.00		74.00	市内车费	1	30.00
													邮电费		
													办公用品费		
													不买卧铺补贴		70.40
													其他		
合计										556.60		74.00			225.40

报销总额	人民币（大写）捌佰伍拾陆元整	予借旅费	¥900.00	补领金额	
				返还金额	¥44.00

现金付讫

丙式—104—1　10.7×20.8 厘米（通）

附件 3 张

主管：陆雪　　审核：　　出纳：孙峰　　领款人：曾军

填制记账凭证错误时应如何修改？

（1）如果在填制记账凭证时发生差错，则应重新填制。

（2）已经登记入账的记账凭证在当年发现填写错误时，可以用红字填写一张与原内容相同的记账凭证，在摘要栏注明“注销某月某日某号凭证”字样，同时再用蓝字重新填写一张正确的记账凭证，注明“订正某年某月某日凭证”字样。

（3）如果会计科目没有错误，只是金额错误，也可以将正确数字与错误数字之间的差额另编一张调整的记账凭证，调增金额用蓝字，调减金额用红字。

（4）发现以前年度记账错误的，应当用蓝字填制一张更正的记账凭证。

【实例 2】

经过一段时间的摸索后，李娜逐渐对记账凭证有了感觉，为了看看李娜学得怎么样，师傅说：“我来填制几张凭证，你帮我审核一下吧。”相关凭证如图表 2-17～图表 2-21 所示。

图表 2-17

付款凭证

贷方科目：银行存款　　　2019 年 10 月 23 日　　　银付字 第 4 号

摘要	借方科目	明细科目	金额									
			十	万	千	百	十	元	角	分		附单据 1 张
支付差旅费	应收账款				3	0	0	8	0	6		
合　计				¥	3	0	0	8	0	6		

会计主管：××　记账：××　复核：××　出纳：××　制单：××

图表 2-18

借款申请单

2019 年 10 月 22 日

借款部门	采购部	王立立	
用　途	差旅费		现金付讫
金额（大写）叁仟零捌元零角陆分　¥3 008.06			
领导批准	张瑞	借款人签字	王立立

【审核存在的问题】

（1）会计科目错误，借差旅费应该计入“其他应收款”科目；（2）未写明细科目，应该在明细科目中注明“备用金（王立立）”。

图表 2-19

收款凭证

借方科目：银行存款　　　2019 年 10 月 23 日　　　银收字第 05 号

摘要	贷方科目	明细科目	金额								√	
			十	万	千	百	十	元	角	分		附单据 1 张
出售摄像头	主营业务收入	摄像头		6	0	0	0	0	0	0		
	应交税费	应交增值税（销项税额）			7	0	8	0	0	0		
合　计			¥	6	7	0	8	0	0	0		

会计主管：××　记账：××　复核：××　出纳：××　制单：××

图表 2-20

北京市增值税专用发票

北京市

发　票　联

国家税务局监制

NO　02348445

1131196112

开票日期：2019 年 10 月 22 日

购货单位	名　　称：北京市南城建筑公司 纳税人识别号：91110108687111234P 地 址、电 话：北京市复兴门大街 158 号 010-81308845 开户行及账号：中国工商银行复兴门分理处 0003456902543464062			密码区	55567　加密版本：01 22+44/<>4360<->*/+ 388600<>? 3477442+　3342295889 326555 1 //--7767777　35672001		
货物或应税劳务名称	规格型号	单位	数量	单价	金额	税率	税额
摄像头		个	50	1200.00	60 000.00	13%	7 800.00
合　计					¥60 000.00		¥7 800.00
价税合计（大写）	⊗陆万柒仟捌佰元整			(小写)¥67 800.00			
销货单位	名　　称：北京市新业电子 纳税人识别号：91110108679829355P 地 址、电 话：北京市南礼士路东 133 号 开户行及账号：中国工商银行礼士路支行 000474749669			备注	北京市新业电子 91110108679829355P 发票专用章		

第一联：发票联　销售方记账凭证

收款人：赵凯　　复核：张静　　开票人：赵凯　　销货单位（章）：

图表 2-21

中国工商银行进　账　单（收账通知）　3

2020 年 02 月 11 日

出票人	全　　称	北京市南城建筑公司	收款人	全　　称	北京市新业电子
	账　　号	0003456902543464062		账　　号	000474749669
	开户银行	北京市复兴门大街 158 号		开户银行	中国工商银行礼士路支行
金额	人民币（大写）	陆万柒仟捌佰元整			亿 千 百 十 万 千 百 十 元 角 分：¥ 6 7 8 0 0 0 0
票据种类	银行汇票	票据张数	1 张	中国工商银行 礼士路支行 2020.02.11 办讫章 （02）	
复核　记账					收款人开户银行签章

此联是收款人开户银行交给收款人的收账通知

【审核存在的问题】

（1）金额错误，原始凭证的金额为 67 800 元，记账凭证的金额为 67 080 元；

（2）附原始凭证的张数错误，应为 2 张。

请你运用上面所学的知识根据图表 2-6～图表 2-8 相关原始凭证来填写记账凭证，并且和同学之间互相审核一下。

图表 2-22

付款凭证

贷方科目：　　　　　　　　　　　年　月　日　　　　　　　　　付字 第　号

摘要	借方科目	明细科目	金额								
			十	万	千	百	十	元	角	分	
合　计											

附单据　张

任务 3

会计账簿的登记

活动 1　登记账簿的要求

【情景导入】

经过原始凭证和记账凭证的填制和审核阶段，现在已经进入会计账簿的处理阶段。但是，对于会计账簿，李娜一点自信都没有，感到很陌生而无从下手，师姐说："没关系，我带着你看看咱们公司的业务，看看需要新建哪些账簿，然后，我们再一步步深入了解，心急吃不了热豆腐，学习和工作更是这样。"我们和李娜一起来看看会计账簿吧。

【实例 1】

李娜所在的公司是一家中等规模的绿色农产品商贸公司，主要是进销存业务，公司存货较多，业务往来比较频繁。绿色农产品的销售渠道主要有两种，一种是通过电商平台销售，另一种是通过各地经销商进行分销。在设置会计账簿时，师姐让李娜认真思考一下应该怎么样设置，你能帮帮她吗？

- 你知道会计凭证和会计账簿的区别吗？
- 你能列举出新设企业常见的建账错误有哪些吗？
- 你能指出备查账簿的重要性吗？
- 总分类账与明细分类账为什么要平行登记呢？

【学习环境】

本任务的教学内容可在会计模拟实验室进行。在教学过程中，通过动手练习使学生掌握会计账簿的登记要求。需要准备的教具主要是各类账簿等，包括库存现金日记账、银行存款日记账、三栏式明细账、多栏式明细账等。

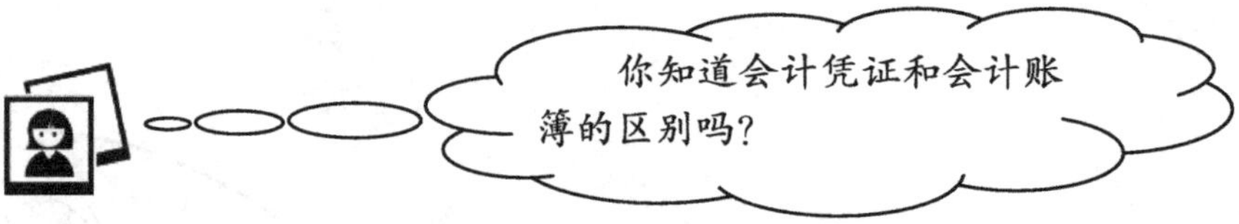

会计账簿和会计凭证都是记录经济业务的会计资料，但二者记录的方式不同。会计凭证对经济业务的记录是零散的，不能全面、连续、系统地反映和监督经济业务内容；会计账簿对经济业务的记录是分类、序时、全面、连续的，能够把分散在会计凭证中的大量核算资料加以集中，为经营管理提供系统、完整的核算资料。

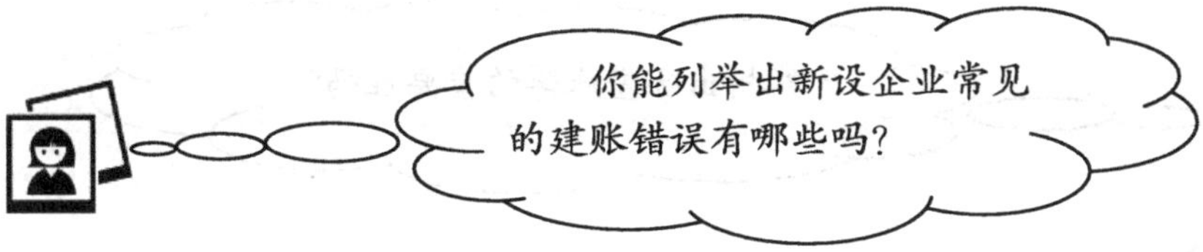
你能列举出新设企业常见
的建账错误有哪些吗?

【实例 2】

蓝天商贸公司是一家新成立的商贸公司，企业规模不大，业务量小，分工也比较简单。在新建账簿时，设置了现金日记账、银行存款日记账、明细分类账和总分类账。但是考虑到后期业务发展的需要，会计担心预留账页不够，对于现金日记账和银行存款日记账均采用了活页式账簿，这样可以随时增添账页。你能指出蓝天商贸公司的错误吗?

【提示】

现金日记账和银行存款日记账不应采用活页式账簿。

日记账就是按照经济业务的发生或完成时间先后顺序逐日逐笔进行登记的账簿。设置日记账的目的就是使经济业务的时间顺序清晰地反映在账簿记录中。而订本账是在启用前将编有顺序页码的一定数量账页装订成册的账簿。所以，为了避免账页散失和防止抽换账页，现金日记账和银行存款日记账要采用订本式账簿。

专业知识链接

账簿种类如图表 3-1 所示。

图表 3-1

账簿种类

分类标准	类别名称	适用范围
用途	序时账（日记账）	现金日记账、银行存款日记账
	分类账	总分类账、明细分类账
	备查账	经营租入固定资产、已贴现的应收票据
账页格式	三栏账	总账 资本、债权、债务明细账
	多栏账	收入、成本、费用、利润、利润分配明细账
	数量金额账	原材料、库存商品明细账
外形特征	订本账	总账 日记账
	活页账	各种明细账
	卡片账	固定资产明细账

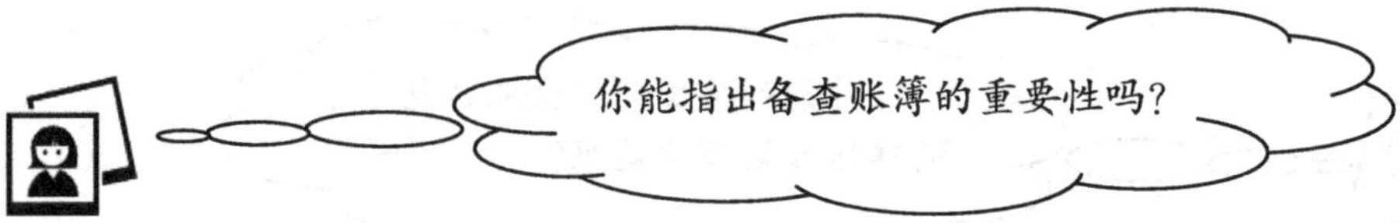
你能指出备查账簿的重要性吗？

【实例 3】

李娜的同学也到一家公司做会计工作。李娜同学认为把总账、日记账和明细账记录清晰明了就能达到公司要求了，对于大多数刚刚接触会计工作的新会计来说，这是一个共同的缺点。大都忽略了备查账簿的登记，或者登记备查账簿不全面，只登记金额，而对经济事项描述得不完整，你能告诉他们备查账簿的重要性吗？

备查账簿在会计核算中的重要性不言而喻。虽然企业可以自行选择是否设置备查账簿，但是国家统一颁布的会计制度对备查账簿的设置有明确要求。备查账簿是企业进行会计核算的最基本的要求。有些企业不设置和很少设置备查账簿，不仅会计基础工作显得被动、弱化，对企业会计核算产生不利影响，而且弱化了对企业经济活动的控制与监督。这样起不到对总账和明细账查漏补缺的作用。为此，财会人员应根据本企业的情况，设置必要的会计备查账簿。常见的备查账簿包括“应收票据备查簿”“应收账款备查簿”“应付票据备查簿”“应付债券备查簿”“发票备查簿”“实收资本备查簿”等。

专业知识链接

> 备查账簿是指对一些在序时账簿和分类账簿中不能记载或记载不全的经济业务进行补充登记的账簿，对序时账簿和分类账簿起补充作用。相对于序时账簿和分类账簿这两种主要账簿而言，备查账簿属于辅助性账簿，它可以为经营管理提供参考资料，如“委托加工材料登记簿”“租入固定资产登记簿”等。

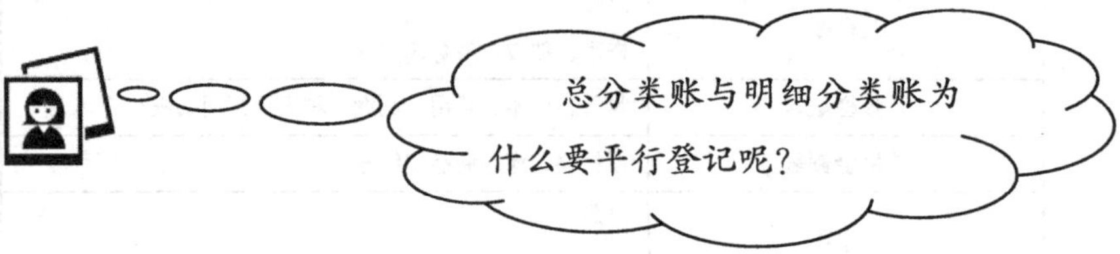
总分类账与明细分类账为
什么要平行登记呢？

【实例 4】

瑞达公司日常业务较多，新来的会计张楠根据以往的习惯总是先登记明细分类账，再根据明细分类账登记总账，他觉得这样可以达到事半功倍的效果。可是瑞达公司业务较多，张楠发现在登记总账时特别容易漏记和错记，并且即使总账和明细账保持一致了，在和记账凭证核对时也会发现漏记的凭证。这让张楠很苦恼。你能帮帮张楠吗？

【提示】

（1）登记依据不正确。对于发生的经济业务事项，要根据相同的会计凭证进行登记。

（2）登记时间不正确。要保持同时登记。

专业知识链接

平行登记是指对所发生的每项经济业务都要以会计凭证为依据，一方面记入有关总分类账，另一方面计入所辖明细分类账的方法。总分类账和明细分类账平行登记的要点如下：

（1）依据相同。对于发生的经济业务事项，要根据相同的会计凭证，一方面在有关的总分类账中登记，另一方面要在该总分类账所属的明细分类账中登记。

（2）方向相同。对于发生的每项经济业务，记入总分类账和其所属明细分类账的借贷方向必须相同。

（3）期间相同。对于发生的每项经济业务，在记入总分类账和明细分类账时，必须在同一会计期间全部登记入账。

（4）金额相等。计入总分类账的金额必须与计入所辖的一个或几个明细分类账的金额合计数相等。

意义：便于账户核对和检查，纠正错误和遗漏。因为总分类账与其所属的明细分类账之间在数量上存在钩稽关系。

（1）总分类账的期初余额＝所属明细分类账期初余额合计

（2）总分类账的本期发生额＝所属明细分类账本期发生额合计

（3）总分类账的期末余额＝所属明细分类账期末余额合计

请你运用上面所学的知识来列举出【实例 1】中李娜所在的绿色农产品商贸公

司要设置的会计账簿吧。

【提示】

应设置四册账：一册现金日记账；一册银行存款日记账；一册总分类账；一册活页明细分类账。

其中，活页明细分类账主要包括：

库存商品多栏式分类账（收、发、存数量金额式）；

固定资产及累计折旧明细分类账（多栏式）；

管理费用明细分类账（多栏式）；

销售费用明细分类账（多栏式）；

财务费用明细分类账（多栏式）；

应交增值税明细分类账（专用的账页）；

主营业务收入明细分类账（多栏式）；

主营业务成本明细分类账（多栏式）；

营业外收入明细分类账（多栏式）；

营业外支出明细分类账（多栏式）；

应收账款明细分类账（三栏式）；

应付账款明细分类账（三栏式）；

本年利润明细分类账（三栏式）。

活动 2　登记会计账簿

【情景导入】

经过以上的学习，终于到了登记会计账簿的环节，现在让我们跟随李娜一起来登记会计账簿吧。

【实例 1】

（1）根据发生的经济业务编制记账凭证。

（2）根据编制的记账凭证登记原材料总分类账和明细分类账。

（3）根据平行登记的要求，核对原材料总分类账和明细分类账的余额。

资料一：

2019 年 11 月月末，北京市大顺有限责任公司有关账户的期初余额如下。

1．总分类账

原材料 179 000 元，应付账款 90 000 元。

2．明细分类账

（1）原材料期初余额如图表 3-2 所示。

图表 3-2

原材料期初余额

原　材　料	单　　位	数　　量	单　　价	金　　额
A 材料	千克	8 000	3.20	25 600.00
B 材料	吨	20	2 400.00	48 000.00
C 材料	件	3 000	18.00	54 000.00
合计				127 600.00

（2）应付账款期初余额如图表 3-3 所示。

图表 3-3

应付账款期初余额

供 货 单 位	余　　额
华兴公司	35 000.00
祥瑞公司	26 000.00
迅达公司	18 000.00
合计	79 000.00

资料二：2019 年 12 月月末，大顺有限责任公司发生经济业务如下。

（1）12 月 5 日，从华兴公司购入 A 材料 10 000 千克，每千克 3.20 元，计 32 000 元，购入 B 材料 12 吨，每吨 2 400 元，计 28 800 元，材料已经验收入库，货款以银行存款付讫。

（2）12 月 20 日，从华兴公司购入 A 材料 20 000 千克，每千克 3.20 元，计 64 000 元，材料验收入库，货款尚未支付。

（3）12 月 26 日，从迅达公司购入 C 材料 2 500 件，每件 18 元，计 45 000 元，材料验收入库，款项尚未支付。

（4）12 月 30 日，本月仓库共发出投入产品生产的各种材料如图表 3-4 所示。

相关记账凭证如图表 3-5～图表 3-8 所示。

图表 3-4

原材料领料单

原 材 料	单 位	数 量	单 价	金 额
A 材料	千克	4 000	3.20	12 800.00
B 材料	千克	20	2 400.00	48 000.00
C 材料	件	5 000	18.00	90 000.00
合计				150 800.00

图表 3-5

记账凭证

2019 年 12 月 05 日 第 01 号

摘要	总账科目	明细科目	借方金额								贷方金额							
			十	万	千	百	十	元	角	分	十	万	千	百	十	元	角	分
采购材料	原材料	A 材料		3	2	0	0	0	0	0								
	原材料	B 材料		2	8	8	0	0	0	0								
	银行存款											6	0	8	0	0	0	0
合 计			¥	6	0	8	0	0	0	0	¥	6	0	8	0	0	0	0

附单据 3 张

会计主管：张瑞 记账：李散 复核：程驰 出纳：柳志 制单：赵瑜

图表 3-6

记账凭证

2019 年 12 月 20 日 第 02 号

摘要	总账科目	明细科目	借方金额								贷方金额							
			十	万	千	百	十	元	角	分	十	万	千	百	十	元	角	分
采购材料	原材料	A 材料		6	4	0	0	0	0	0								
	应付账款	华兴公司										6	4	0	0	0	0	0
合 计			¥	6	4	0	0	0	0	0	¥	6	4	0	0	0	0	0

附单据 2 张

会计主管：张瑞 记账：李散 复核：程驰 出纳：柳志 制单：赵瑜

图表 3-7

记账凭证

2019 年 12 月 26 日　　　　第 03 号

摘要	总账科目	明细科目		借方金额									贷方金额							
				十	万	千	百	十	元	角	分		十	万	千	百	十	元	角	分
采购材料	原材料	C材料			4	5	0	0	0	0	0									
	应付账款	迅达公司												4	5	0	0	0	0	0
合　计				¥	4	5	0	0	0	0	0		¥	4	5	0	0	0	0	0

附单据 2 张

会计主管：张瑞　记账：李散　复核：程驰　出纳：柳志　制单：赵瑜

图表 3-8

记账凭证

2019 年 12 月 30 日　　　　第 04 号

摘要	总账科目	明细科目		借方金额									贷方金额							
				十	万	千	百	十	元	角	分		十	万	千	百	十	元	角	分
结转领用原材料成本	生产成本	A产品			1	2	8	0	0	0	0									
	生产成本	B产品			4	8	0	0	0	0	0									
	生产成本	C产品			9	0	0	0	0	0	0									
	原材料	A材料											1	2	8	0	0	0	0	0
		B材料												4	8	0	0	0	0	0
		C材料												9	0	0	0	0	0	0
合　计			¥	1	5	0	8	0	0	0	0	¥	1	5	0	8	0	0	0	0

附单据 3 张

会计主管：张瑞　记账：李散　复核：程驰　出纳：柳志　制单：赵瑜

根据记账凭证登记总分类账和明细分类账如图表 3-9～图表 3-16 所示。

图表 3-9

总分类账

会计科目：原材料

2019 年		凭证号	摘要	借方	贷方	借或贷	余额

图表 3-10

总分类账

会计科目：原材料

2019 年		凭证号	摘要	借方	贷方	借或贷	余额
			月初余额			借	127 600.00
12 月	05 日	01	购入原材料	60 800.00		借	188 400.00
12 月	20 日	02	购入原材料	64 000.00		借	252 400.00
12 月	26 日	03	购入原材料	45 000.00		借	297 400.00
12 月	30 日	04	结转领用原材料成本		150 800.00	贷	146 600.00

图表 3-11

原材料明细分类账

类别：原材料　　　　编号：YCL01

品名或规格：A 原材料

2019 年		凭证号	摘要	收入			发出			结存		
月	日			数量	单价	金额	数量	单价	金额	数量	单价	金额

图表 3-12

原材料明细分类账

类别：原材料　　　　　　　　　　　　　　　　　　　　编号：YCL01

品名或规格：A 原材料

2019 年		凭证号	摘要	收入			发出			结存		
月	日			数量	单价	金额	数量	单价	金额	数量	单价	金额
			上月结转							8 000	3.20	25 600.00
12 月	05 日	01	购入	10 000	3.20	32 000.00				18 000	3.20	57 600.00
12 月	20 日	02	购入	20 000	3.20	64 000.00				38 000	3.20	121 600.00
12 月	30 日	04	结转				4 000	3.20	12 800.00	34 000	3.20	108800.00
			合计	3 0000	3.20	96 000.00	4 000	3.20	12 800.00	34 000.00	3.20	108 800.00

图表 3-13

原材料明细分类账

类别：原材料　　　　　　　　　　　　　　　　　　　　编号：YCL02

品名或规格：B 原材料

2019 年		凭证号	摘要	收入			发出			结存		
月	日			数量	单价	金额	数量	单价	金额	数量	单价	金额

图表 3-14

原材料明细分类账

类别：原材料　　　　编号：YCL02

品名或规格：B 原材料

2019 年		凭证号	摘要	收入			发出			结存		
月	日			数量	单价	金额	数量	单价	金额	数量	单价	金额
			上月结转							20	2 400.00	48 000.00
12 月	05 日	01	购入	12	2 400.00	28 800.00				32	2 400.00	76 800.00
12 月	30 日	04	结转				20	2 400.00	48 000.00	12	2 400.00	28 800.00
			合计	12	2 400.00	28 800.00	20	2 400.00	48 000.00	12	2 400.00	28 800.00

图表 3-15

原材料明细分类账

类别：原材料　　　　编号：YCL03

品名或规格：C 原材料

2019 年		凭证号	摘要	收入			发出			结存		
月	日			数量	单价	金额	数量	单价	金额	数量	单价	金额

图表 3-16

原材料明细分类账

类别：原材料　　　　　　　　　　　　　　　　　　　　　　编号：YCL03

品名或规格：C 原材料

2019 年		凭证号	摘要	收入			发出			结存		
月	日			数量	单价	金额	数量	单价	金额	数量	单价	金额
			上月结转							3 000	18.00	54 000.00
12 月	26 日	01	购入	2500	18.00	45 000.00				5 500	18.00	99 000.00
12 月	30 日	04	结转				5000	18.00	90 000.00	500	18.00	9 000.00
			合计	2500	18.00	45 000.00	5000	18.00	90 000.00	500	18.00	9 000.00

【实例 2】

（1）根据资料编制记账凭证。

（2）根据审核无误的记账凭证登记库存现金日记账。

资料：2019 年 9 月月末，北京南润有限责任公司（一般纳税人，增值税率 13%）“库存现金日记账”借方余额为 8 000 元。

（1）10 月 2 日，企业销售一批包装物，售价为 800 元，增值税税额为 104 元，业务员持相关票据交给财务现金 904 元。

（2）10 月 2 日，采购部门王瑞去广州出差，预借差旅费 3 000 元，以现金支付。

（3）10 月 2 日，经审批后，出纳领取现金支票开出现金支票，提取现金 8 000 元备用。

（4）10 月 5 日，采购部王瑞从广州出差回来，报销差旅费 2 000 元，交回剩余现金 1 000 元。

相关记账凭证如图表 3-17～图表 3-22 所示。

图表 3-17

记账凭证

2019 年 10 月 02 日　　　　第 01 号

摘要	总账科目	明细科目		借方金额									贷方金额							
				十	万	千	百	十	元	角	分		十	万	千	百	十	元	角	分
出售包装物	库存现金						9	0	4	0	0									
	其他业务收入															8	0	0	0	0
	应交税费	应交增值税														1	0	4	0	0
合　　计						¥	9	0	4	0	0				¥	9	0	4	0	0

附单据 1 张

会计主管：李丝　　记账：张睿　　复核：马晓　　出纳：张帆　　制单：林娜

【提示】

所附原始单据——增值税专用发票 1 张。

图表 3-18

记账凭证

2019 年 10 月 02 日　　　　第 02 号

摘要	总账科目	明细科目		借方金额									贷方金额							
				十	万	千	百	十	元	角	分		十	万	千	百	十	元	角	分
预支差旅费	其他应收款					3	0	0	0	0	0									
	库存现金														3	0	0	0	0	0
合　　计					¥	3	0	0	0	0	0			¥	3	0	0	0	0	0

附单据 1 张

会计主管：李丝　　记账：张睿　　复核：马晓　　出纳：张帆　　制单：林娜

【提示】

所附原始单据——借款单 1 张。

图表 3-19

记账凭证

2019 年 10 月 02 日　　　　第 03 号

摘要	总账科目	明细科目		借方金额									贷方金额							
				十	万	千	百	十	元	角	分		十	万	千	百	十	元	角	分
提取备用金	库存现金					8	0	0	0	0	0									
	银行存款														8	0	0	0	0	0
合　　计					¥	8	0	0	0	0	0			¥	8	0	0	0	0	0

附单据 1 张

会计主管：李丝　记账：张睿　复核：马晓　出纳：张帆　制单：林娜

【提示】

所附原始单据——现金支票存根 1 张。

图表 3-20

记账凭证

2019 年 10 月 05 日　　　　第 04 号

摘要	总账科目	明细科目		借方金额									贷方金额							
				十	万	千	百	十	元	角	分		十	万	千	百	十	元	角	分
报销差旅费	库存现金					1	0	0	0	0	0									
	管理费用					2	0	0	0	0	0									
	其他应收款														3	0	0	0	0	0
合　　计					¥	3	0	0	0	0	0			¥	3	0	0	0	0	0

附单据 2 张

会计主管：李丝　记账：张睿　复核：马晓　出纳：张帆　制单：林娜

【提示】

后附原始凭证 2 张——差旅费报销单 1 张、收据 1 张。

图表 3-21

现金日记账

2019 年		凭证号	摘要	对方科目	借方	贷方	余额
月	日						

图表 3-22

现金日记账

2019 年		凭证号	摘要	对方科目	借方	贷方	余额
月	日						
			月初余额				8 000.00
10	2	01	出售包装物	其他业务收入等	928.00		8 928.00
	2	02	预支差旅费	其他应收款		3 000.00	5 928.00
	2	03	提取备用金	银行存款	8 000.00		13 928.00
			本日合计		8 928.00	3 000.00	13 928.00
	5	04	交回差旅费余额		1 000.00		14 928.00
			本日合计		1 000.00		14 928.00

第 2 篇

综合业务实训

任务4

加工制造业会计核算

活动 1　加工制造企业的基本概况

【情景导入】

刘源是一名财会专业的大学毕业生。最近，他刚通过应聘成为北京锐动智能科技有限公司财务部门的一名新员工。北京锐动智能科技有限公司是一家主要从事智能穿戴设备的研发、生产和销售的加工制造企业。我们先一起来了解一下北京锐动智能科技有限公司的一些基本情况吧。

1. 基本概况

北京锐动智能科技有限公司的基本概况如图表 4-1 所示。

图表 4-1

北京锐动智能科技有限公司基本概况

企业名称	北京锐动智能科技有限公司	法人代表	李方正
注册地址	海淀区朱房路 555 号	联系电话	010-81308888
注册资本	2500 万	银行账号	0200723241141024578
纳税人识别号	91110106788905452P	经营范围	主要从事智能穿戴设备的研发、生产和销售等
开户银行	招商银行北京南宫支行	企业类型	有限责任公司（一般纳税人）

2. 基础资料

（1）企业组织结构图如图表 4-2 所示。

图表 4-2

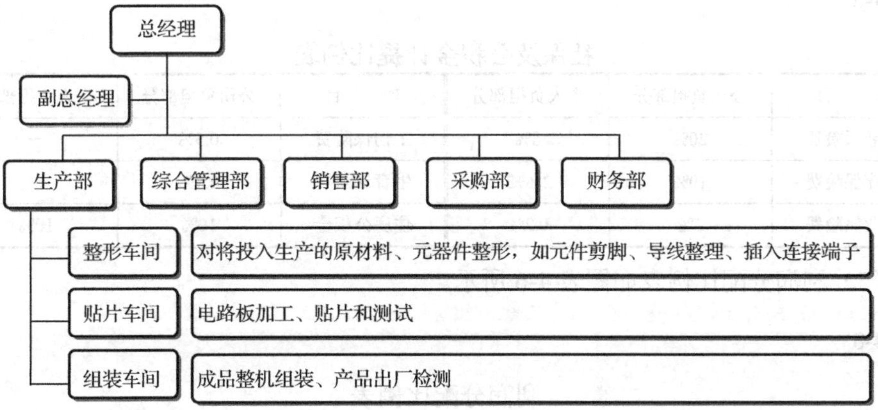

（2）企业会计政策与会计核算方法如图表 4-3 所示。

图表 4-3

企业会计政策与会计核算方法

固定资产的核算	年限平均法
无形资产的核算	年限平均法
存货的核算	全月一次加权平均法
坏账准备的核算	采用备抵法对坏账准备进行核算，在备抵法下，设置“坏账准备”科目，根据企业以往的经验等，按年末应收账款余额的 5‰计提坏账准备
材料核算	原材料按材料种类设置明细账核算，按实际成本法进行会计核算。材料入库的明细核算在入库时即时进行，出库于月末集中核算，采用全月一次加权平均法计算发出材料单价
产品成本的归集	制造费用按生产工时分配。产品成本采用“逐步综合结转分步法”核算，完工产品成本和期末在产品成本按约当生产总量划分，原材料随着生产过程陆续投入
销售成本的结转	已销产品成本的结转采用月末集中结转的方法

（3）相关税费计提比例表如图表 4-4 所示。

图表 4-4

税费计提比例表

税　种	税　率	税　种	税　率
增值税	13%	教育费附加	3%
城市维护建设税	7%	地方教育费附加	2%
个人所得税	起征点 5 000.00， 适用七级超额累进税率	企业所得税	25%

（4）社保及公积金计提比例表如图表 4-5 所示。

图表 4-5

社保及公积金计提比例表

项　目	公司负担部分	个人负担部分	项　目	公司负担部分	个人负担部分
养老保险费	20%	8%	工伤保险费	0.5%	—
医疗保险费	10%	2%+3	生育保险费	0.8%	—
失业保险费	1%	0.2%	住房公积金	10%	10%

（5）利润分配比例表如图表 4-6 所示。

图表 4-6

利润分配比例表

项　目	分 配 比 例
法定盈余公积	净利润 10%
应付股利金额	股东会决议

活动 2　加工制造企业的业务核算

【情景导入 1】

经过这几天的入职培训，刘源对公司各方面的情况都有了一个初步的了解。为帮助刘源尽快熟练掌握相关实务工作技能，部门主管指定老员工张悦作为刘源的师傅。张悦决定手把手带着刘源做一下公司 2019 年 6 月份的全部账务处理。这对刘源来说，既是一次不小的挑战，也是一次不错的学习机会。为尽早进入状态，刘源决定先提前熟悉一下公司 6 月月初的相关数据资料。我们也一起来看看吧。

（1）北京锐动智能科技有限公司 2019 年 6 月月初各总账余额表如图表 4-7 所示。

图表 4-7

总账余额表

2019 年 6 月　　单位：元

会计科目	借或贷	借方余额	会计科目	借或贷	贷方余额
库存现金	借	3 500.00	应付账款	贷	300 000.00
银行存款	借	1 298 050.00	短期借款	贷	200 000.00
应收票据	借	300 000.00	应付职工薪酬	贷	858 341.00
应收账款	借	100 000.00	应交税费	贷	54 074.94
库存商品	借	2 850 000.00	应付利息	贷	1 700.00
其他应收款	借	1 900.00	实收资本	贷	25 000 000.00
原材料	借	928 950.00	盈余公积	贷	350 000.00
在建工程	借	625 000.00	本年利润	贷	1 604 543.50
周转材料	借	8 000.00	利润分配	贷	3 333 676.56
固定资产	借	28 155 500.00			
累计折旧	贷	3 152 712.00			
工程物资	借	23 000.00			
长期待摊费用	借	12 300.00			
生产成本	借	548 848.00			
合计		31 702 336.00	合计		31 702 336.00

（2）应收票据为丰达公司商业承兑汇票 300 000.00 元。

（3）应收账款为应收中南公司 100 000.00 元。

（4）库存商品明细账余额表如图表 4-8 所示。

图表 4-8

库存商品明细账余额表

名　称	单　位	数　量	金　额
锐动手环 B1	个	1 000	1 750 000.00
锐动手环 B2	个	500	1 100 000.00
总计		1 500	2 850 000.00

（5）其他应收款明细账余额表如图表 4-9 所示。

图表 4-9

其他应收款明细账余额表

名　称	金　额
马力	1 100.00
赵霞	800.00
总计	1 900.00

（6）原材料明细账余额表如图表 4-10 所示。

图表 4-10

原材料明细账余额表

商品名称	单　位	数　量	金　额
OLED 屏	块	100	18 000.00
医用级硅胶	张	100	9 900.00
PCB 电路板	条	1 000	129 000.00
ABC 工程塑料	块	500	7 000.00
闪存芯片	块	500	50 000.00
马达振子	个	1 500	30 000.00
蓝牙天线	个	500	12 500.00
封装胶	千克	500	5 000.00
机油	千克	4 020	40 200.00
棉纱	千克	200	1 800.00
三角带	根	50	550.00
助焊剂	桶	200	100 000.00
锡膏	桶	200	60 000.00
锂电池	个	1 000	20 000.00
运动传感器	个	1 000	100 000.00
光学心率传感器	个	6 880	344 000.00
包装箱	个	10	1 000.00
合计	928 950.00		

（7）在建工程为4号厂房625 000.00元。

（8）周转材料为低值易耗品8 000.00元。

（9）固定资产明细账余额表如图表4-11所示。

图表4-11

固定资产明细账余额表

固定资产类别		月折旧率	原始价值	累计折旧
整形车间	房屋及建筑物	0.3%	3 328 000.00	239 616.00
	设备	0.6%	8 697 500.00	1 252 440.00
	小计		12 025 500.00	1 492 056.00
贴片车间	房屋及建筑物	0.3%	1 993 500.00	143 532.00
	设备	0.6%	2 345 500.00	337 752.00
	小计		4 339 000.00	481 284.00
组装车间	房屋及建筑物	0.3%	3 650 000.00	262 800.00
	设备	0.6%	3 662 500.00	527 400.00
	小计		7 312 500.00	790 200.00
行政管理部门	房屋及建筑物	0.3%	3 783 500.00	272 412.00
	运输工具	0.7%	695 000.00	116 760.00
	小计		4 478 500.00	389 172.00
合计			28 155 500.00	3 152 712.00

（10）生产成本明细账余额表如图表4-12所示。

图表4-12

生产成本明细账余额表

类　别			方　向	期初余额
整形车间	锐动手环B1	直接材料	借	150 120.00
		直接人工	借	50 400.00
		制造费用	借	82 650.00
		小计		283 170.00
贴片车间	锐动手环B1	直接材料	借	12 300.00
		直接人工	借	11 000.00
		制造费用	借	10 800.00
		自制半成品	借	22 300.00
		小计		56 400.00
	锐动手环B2	直接材料	借	8 230.00
		直接人工	借	11 144.00

续表

类别			方向	期初余额
贴片车间	锐动手环B2	制造费用	借	13 120.00
		自制半成品	借	10 600.00
		小计		43 094.00
组装车间	锐动手环B1	直接材料	借	800.00
		直接人工	借	750.00
		制造费用	借	810.00
		自制半成品	借	3 050.00
		小计		5 410.00
	锐动手环B2	直接材料	借	5 044.00
		直接人工	借	6 500.00
		制造费用	借	7 230.00
		自制半成品	借	142 000.00
		小计		160 774.00
合计				548 848.00

（11）应付账款为应付旭日微芯科技公司 300 000.00 元。

（12）应付职工薪酬明细账余额表如图表 4-13 所示。

图表 4-13

应付职工薪酬明细账余额表

名称	借或贷	金额（元）
工资	贷	618 500.00
社会保险	贷	183 141.00
住房公积金	贷	56 700.00
合计		858 341.00

（13）应交税费明细账期初余额表如图表 4-14 所示。

图表 4-14

应交税费明细账期初余额表

名称	借或贷	金额（元）
未交增值税	贷	48 000.00
城市维护建设税	贷	3 360.00
教育费附加	贷	1 440.00
地方教育费附加	贷	960.00
应交个人所得税	贷	314.94
合计		54 074.94

（14）实收资本明细账余额表如图表 4-15 所示。

图表 4-15

实收资本明细账余额表

名　称	金额（元）
东方投资公司	10 000 000.00
圣盈投资公司	15 000 000.00
合计	25 000 000.00

（15）本年利润在 4、5 月份的发生额合计为 340 230.00 元（贷方）。

（16）盈余公积明细账余额表如图表 4-16 所示。

图表 4-16

盈余公积明细账余额表

名　称	借 或 贷	金额（元）
法定盈余公积	贷	350 000.00
合计		350 000.00

（17）其他科目无余额。

【情景导入 2】

2019 年 6 月份，北京锐动智能科技有限公司陆续发生了各种不同类型的会计业务，这对刘源来说是一个难得的锻炼机会。在这段时间刘源主要参与了如下工作。

1. 会计凭证

（1）整理或填制有关经济业务的原始凭证。

（2）分类编制记账凭证，并将原始凭证附于有关的记账凭证之后。

2. 会计账簿

（1）根据记账凭证登记现金日记账、银行存款日记账。

（2）根据原始凭证、汇总原始凭证和记账凭证登记各种明细分类账。

（3）根据记账凭证编制科目汇总表。

（4）根据科目汇总表登记总分类账。

（5）将总分类账与日记账、总分类账与明细分类账分别核对。

3. 会计报表

根据总分类账和明细分类账的记录编制资产负债表、利润表。

北京锐动智能科技有限公司 2019 年 6 月份的相关经济业务、原始凭证如下：

【实训 1】 6 月 1 日，从北京大通自动化设备厂购入一台热风回流焊接机，通过转账支票支付货款 88 140 元，设备当日运达并交付使用，如图表 4-17～图表 4-19 所示。

【实训 2】 6 月 2 日，从北京晶亮科技有限公司购入一批 OLED 屏，已验收入库，价税合计为 40 680 元。根据合同约定，付款方式为当月采购次月支付，如图表 4-20、图表 4-21 所示。

【实训 3】 6 月 3 日，采购部申请，经审批后，预付东南电子城定制元器件货款 10 000 元，如图表 4-22 所示。

【实训 4】 6 月 3 日，采购部从京南伟业科技有限公司购入医用级硅胶 200 张，增值税率 13%，价税合计为 22 374 元。车间质检人员将材料验收入库，出纳人员完成网上银行付款并取得银行回单，如图表 4-23～图表 4-26 所示。

【实训 5】 6 月 4 日，收到北京市集优电路有限公司发来的 PCB 电路板，出纳人员通过网上银行支付货款 97 180 元，如图表 4-27～图表 4-30 所示。

【实训 6】 6 月 5 日，经审批后，出纳领取现金支票并在“支票领用簿”上登记详细信息，出纳签发现金支票，向银行提取现金 5 000 元备用，如图表 4-31 所示。

【实训 7】 6 月 5 日，销售部李奎因公出差济南，持经部门经理、财务主管、总经理审批后的借款单预支差旅费 3 000 元，出纳付给现金并在借款单上加盖“现金付讫”章，如图表 4-32 所示。

【实训 8】 6 月 6 日，综合管理部杨康持经本部门主管、财务主管审批的一张发票去报销，出纳以现金支付工具维修费 351 元，如图表 4-33 所示。

【实训 9】 6 月 6 日，销售部马力持经部门经理、财务主管等有关领导审批后的差旅费报销单及发票报销公出广州差旅费 982 元，冲销上月预支款 1 100 元，余款 118 元交回现金，如图表 4-34、图表 4-35 所示。

【实训 10】 6 月 10 日，本月网上申报的税金已划账，共交纳上月增值税 48 000 元，如图表 4-36、图表 4-37 所示。

【实训 11】 6 月 10 日，本月网上申报的税金已划账，共交纳上月城市维护建设税 3 360 元、教育费附加 1 440 元、地方教育费附加 960 元、个人所得税 314.94 元，如图表 4-38、图表 4-39 所示。

【实训 12】 6 月 11 日，收到银行回执证实国网北京市电力公司收取上月电费 8 633.2 元，收到国网北京市电力公司开出的增值税专用发票，不含税电费 7 640 元，增值税税额为 993.20 元，增值税税率为 13%。假设与上月月末计提的费用一致，如

图表 4-40、图表 4-41 所示。

【实训 13】 6 月 12 日，综合管理部门王兰馨持经部门经理、财务主管审批的发票等报销办公用品费用，不含税金额为 765 元，增值税税额为 99.45 元，如图表 4-42 所示。

【实训 14】 6 月 12 日，出纳经审批后签发转账支票支付天地广告公司的广告费，价税合计为 6 360 元，如图表 4-43、图表 4-44 所示。

【实训 15】 6 月 12 日，从北京晨星汽车购入 1 辆小轿车，共支付款项 202 609 元，如图表 4-45～图表 4-47 所示。

【实训 16】 6 月 14 日，从北京市晨光包装有限公司购入 40 个包装箱，增值税专用发票所列价款为 4 000 元，增值税税额为 520 元，出纳人员通过网上银行支付货款，如图表 4-48～图表 4-50 所示。

【实训 17】 6 月 15 日，从北京科宝电器有限公司购入 70 个吸锡器，增值税专用发票列明单价为 8 元，不含税价款共计 560 元，增值税税额为 72.8 元，款项以现金支付，如图表 4-51、图表 4-52 所示。

【实训 18】 6 月 18 日，东南电子城定制元器件（运动传感器、光学心率传感器、锂电池）到货，已办理入库手续。增值税专用发票列明价款为 42 000 元，增值税税额为 5 460 元，补汇尾款 37 460 元，材料入库，如图表 4-53～图表 4-55 所示。

【实训 19】 6 月 18 日，销售给北京富力家居广场一批锐动手环 B2，共计 200 个，增值税专用发票列明价款为 700 000 元，增值税税额为 91 000 元，如图表 4-56～图表 4-58 所示。

【实训 20】 6 月 18 日，根据经审批的“工资发放汇总表”发放 5 月份工资，如图表 4-59、图表 4-60 所示。

【实训 21】 6 月 18 日，缴纳上月员工住房公积金，如图表 4-61、图表 4-62 所示。

【实训 22】 6 月 18 日，缴纳上月员工社会保险，如图表 4-63 所示。

【实训 23】 6 月 18 日，销售给南光商业设计公司一批锐动手环 B1，共计 400 个，增值税专用发票上列明的不含税价款为 880 000 元，增值税税额为 114 400 元，款项未收，另代垫运费 8 000 元（运输费用发票直接开具给南光商业设计公司，由北京锐动智能科技有限公司将该发票代为转交），如图表 4-64～图表 4-66 所示。

【实训 24】 6 月 19 日，收到银行回执证实北京自来水公司收取上月水费 2 163 元，收到北京自来水公司开出的增值税普通发票，价税合计为 2 163 元。假设与上月月末计提的费用一致，如图表 4-67、图表 4-68 所示。

【实训 25】 6 月 20 日，销售给天胜体育用品有限公司一批锐动手环 B2，不含税销售额为 280 000 元，增值税税额为 36 400 元，收到支票并填制进账单到银行办理进账手续，如图表 4-69～图表 4-71 所示。

【实训 26】 6 月 20 日，归还短期利息 2 700 元，其中 1 700 元利息已在上期预提，如图表 4-72 所示。

【实训 27】 6 月 20 日，收到银行回执证实收到存款利息 140 元，如图表 4-73 所示。

【实训 28】 6 月 26 日，盘亏 1 只万用电表，原价 6 000 元，已提折旧 4 500 元，如图表 4-74 所示。

【实训 29】 6 月 26 日，销售部门转来发票，售出 1 个包装箱，不含税售价为 320 元，增值税税额为 41.6 元，如图表 4-75 所示。

【实训 30】 6 月 30 日，建造厂房领用黄沙、石子，如图表 4-76 所示。

【实训 31】 6 月 30 日，向东风速递物流公司支付本月销售产品时所发生的包装运输费，取得的增值税专用发票列明其不含税价款为 6 800 元，增值税税额为 612 元，如图表 4-77、图表 4-78 所示。

【实训 32】 6 月 30 日，按照职工打卡记录，编制“工资结算汇总表”，计算并计提职工工资、企业负担的各项社会保险及住房公积金。假设计提基数均为本人当月工资，如图表 4-79 所示。

【实训 33】 6 月 30 日，盘亏电表批准列入当期损益，如图表 4-80 所示。

【实训 34】 6 月 30 日，根据有关部门提供的水电耗用量，编制“水电费分配表”，计提水电费。假设各车间及管理部门分别装有水表、电表，均按实际消耗量计算，如图表 4-81 所示。

【实训 35】 6 月 30 日，根据月初计提折旧的固定资产原值，编制“固定资产折旧计算表”并提取折旧费，如图表 4-82 所示。

【实训 36】 6 月 30 日，根据从仓库稽核带回的领料单，编制“领料凭证汇总表”，并结转整形车间本月领用原材料的成本（按全月一次加权平均法计算单价），如图表 4-83、图表 4-84 所示。

【实训 37】 6 月 30 日，根据从仓库稽核带回的领料单，结转贴片车间本月领用的原材料的成本（按全月一次加权平均法计算单价），如图表 4-85、图表 4-86 所示。

【实训 38】6 月 30 日，根据从仓库稽核带回的领料单，编制“领料凭证汇总表”并结转组装车间本月领用的原材料成本（按全月一次加权平均法计算单价），如图表 4-87、图表 4-88 所示。

【实训 39】6 月 30 日，根据从仓库稽核带回的领料单，结转本月销售部领用的包装箱成本（按全月一次加权平均法计算单价），如图表 4-89 所示。

【实训 40】6 月 30 日，根据从仓库稽核带回的领料单，结转本月各车间领用的低值易耗品成本，如图表 4-90～图表 4-92 所示。

【实训 41】6 月 30 日，根据从仓库稽核带回的领料单，结转本月管理部门领用的虎钳成本，如图表 4-93 所示。

【实训 42】6 月 30 日，要求编制“各车间制造费用分配表”，并结转贴片车间制造费用（锐动手环 B1、B2 所耗用的工时相等），如图表 4-94 所示。

【实训 43】6 月 30 日，要求编制“产品成本计算汇总表”，并分配贴片车间完工锐动手环 B1 成本（在产品完工百分比为 50%，完工产品 100 台，在产品 200 台），如图表 4-95 所示。

【实训 44】6 月 30 日，分配贴片车间完工锐动手环 B2 成本（在产品完工百分比为 50%，完工产品 100 台，在产品 200 台），如图表 4-95 所示。

【实训 45】6 月 30 日，分配整形车间完工锐动手环 B1 成本（在产品完工百分比为 50%，完工产品 100 台，在产品 200 台），如图表 4-95 所示。

【实训 46】6 月 30 日，分配整形车间完工锐动手环 B2 成本（在产品完工百分比为 50%，完工产品 100 台，在产品 200 台），如图表 4-95 所示。

【实训 47】6 月 30 日，结转组装车间完工锐动手环 B1 成本（在产品完工百分比为 50%，计算约当产量时保留到个位数，完工产品 100 台，在产品 200 台），如图表 4-95 所示。

【实训 48】结转组装车间完工锐动手环 B2 成本（在产品完工百分比为 50%，计算约当产量时保留到个位数，完工产品 100 台，在产品 200 台），如图表 4-95 所示。

【实训 49】6 月 30 日，根据销售部成品库报来的销售产品发货单，经与主营业务收入明细账核对无误后，结转已销产品成本。已销产品单位成本按库存商品明细账，以全月一次加权平均法计算，如图表 4-96～图表 4-98 所示。

【实训 50】6 月 30 日，结转本月未交增值税。

【实训 51】6 月 30 日，编制并计提城市维护建设税、教育费附加及地方教育费附加，如图表 4-99 所示。

【实训 52】 6 月 30 日，结转收入及收益，如图表 4-100 所示。

【实训 53】 6 月 30 日，结转成本费用，如图表 4-100 所示。

【实训 54】 6 月 30 日，结转所得税费用，如图表 4-101 所示。

【实训 55】 6 月 30 日，编制科目汇总表、资产负债表、利润表、现金流量表，如图表 4-102～图表 4-105 所示。

图表 4-17

北京增值税专用发票

北京市
发票联

开票日期：2019 年 6 月 01 日

购货单位	名　　称：北京锐动智能科技有限公司 纳税人识别号：91110106788905452P 地址 、 电话：海淀区朱房路 555 号　010—81308888 开户行及账户：招商银行北京南宫支行 0200723241141024578				密码区			
货物或应税劳务名称	规格型号	单位	数量	单价	金额	税率	税额	
热风回流焊接机	KL988	台	1	78 000.00	78 000.00	13%	10 140.00	
合计					￥78 000.00		￥10 140.00	
价税合计（大写）	⊗捌万捌仟壹佰肆拾元整				（小写）￥88 140.00			
销货单位	名　　称：北京大通自动化设备厂 纳税人识别号：91110106788905400P 地址 、 电话：海淀区光华路 38 号　010-85503500 开户行及账户：工商银行城南分理处　0200723241141020010				备注	北京大通自动化设备厂 91110106788905400P 发票专用章		

第三联：发票联　购买方记账凭证

收款人：刘柳　　复核：曹美　　开票人：张永　　销售方：（章）

图表 4-18

固定资产验收单

取得日期：2019 年 5 月 28 日　　交付使用日期：2019 年 6 月 01 日

名称	型号	制造厂	出厂年月	原值			
				买价	其中运杂费	安装费	合计
热风回流焊接机	KL988	北京大通自动化设备厂	2019.5	75 000.00	—	3 000.00	78 000.00
预计使用年限	月折旧率	月折旧额	总经理				
10 年	0.6%	468.00	李方正				
采购部门			使用部门			财务部	
	经理	经办人	经理	使用人		主管	会计
	蔡亮	马红	刘俊	罗楠		张志东	王英

图表 4-19

招商银行
转账支票存根
30801000
91003700

附加信息______________

出票日期 2019 年 6 月 01 日

收款人：	北京大通自动化设备厂
金　额：	￥88 140.00
用　途：	设备款

单位主管 李方正　会计 王英

图表 4-20

1100143220

北京增值税专用发票

北京市 发票联

No 00275241　1100143220
0275900

开票日期：2019 年 6 月 02 日

<table>
<tr><td rowspan="4">购货单位</td><td colspan="4">名　　称：北京锐动智能科技有限公司</td><td rowspan="4">密码区</td><td colspan="3" rowspan="4"></td></tr>
<tr><td colspan="4">纳税人识别号：91110106788905452P</td></tr>
<tr><td colspan="4">地址、电话：海淀区朱房路 555 号　010—81308888</td></tr>
<tr><td colspan="4">开户行及账户：招商银行北京南宫支行 0200723241141024578</td></tr>
<tr><td colspan="2">货物或应税劳务名称</td><td>规格型号</td><td>单位</td><td>数量</td><td>单价</td><td>金额</td><td>税率</td><td>税额</td></tr>
<tr><td colspan="2">OLED 屏</td><td>RGC050720</td><td>块</td><td>200</td><td>180.00</td><td>36 000.00</td><td>13%</td><td>4 680.00</td></tr>
<tr><td colspan="2">合计</td><td></td><td></td><td></td><td></td><td>￥36 000.00</td><td></td><td>￥4 680.00</td></tr>
<tr><td colspan="2">价税合计（大写）</td><td colspan="7">ⓧ肆万零陆佰捌拾元整　　（小写）￥40 680.00</td></tr>
<tr><td rowspan="4">销货单位</td><td colspan="4">名　　称：北京晶亮科技有限公司</td><td rowspan="4">备注</td><td colspan="3" rowspan="4">北京晶亮科技有限公司
91110106788905401P
发票专用章</td></tr>
<tr><td colspan="4">纳税人识别号：91110106788905401P</td></tr>
<tr><td colspan="4">地址、电话：海淀区光华路 39 号　010-85503501</td></tr>
<tr><td colspan="4">开户行及账户：工商银行复兴门分理处　0200723241141020011</td></tr>
</table>

第三联：发票联　购买方记账凭证

收款人：刘丽　复核：曹飞　开票人：张羽　销售方：（章）

图表 4-21

北京锐动智能科技有限公司收料单

供货单位：北京晶亮科技有限公司　　2019 年 6 月 02 日　　材料大类：原材料

材料编号	名称	规格（mm）	单位	数量		实际价格		
				应收	实收	单价（元）	金额	其中：运杂费
01	OLED 屏	RGC050720	块	200	200	180.00	36 000.00	

制单：马红　　验收：马红　　主管：蔡亮

图表 4-22

招商银行

付 款 回 单

日期：2019年6月3日

付款账号：0200723241141024578

户名：北京锐动智能科技有限公司

开户行：招商银行北京南宫支行

金额（大写）：壹万元整

（小写）：￥10 000.00

收款人户名：东南电子城

收款人账号：0200723241141020012

收款人开户行：招商银行复兴门分理处

摘要：预付货款

提示：1.电子回单验证码相同表示同一笔业务回单，请勿重复记账使用。

2.已在银行柜台领用业务回单的单位，请注意核对，勿重复记账使用。

招商银行股份有限公司
电子回单专用章

图表 4-23

付款申请单

部门：采购部　　　　　　　　　　　　　　　　申请日期：2019 年 6 月 03 日

收款单位	京南伟业科技有限公司	合同号	Jnmy01	
开户银行	北京银行复兴门分理处	合同总金额	22 374.00	
开户账号	02007232411410200013	累计支付金额	22 374.00	
付款项目摘要		付款金额	付款方式	备注
医用级硅胶 200 张		22 374.00	■网银 □支票 □现金 □承兑 □其他	
合计金额	贰万贰仟叁佰柒拾肆元整			

领导批示：李方正　　财务负责人：张志东　　部门负责人：蔡亮　　经办人：马路

图表 4-24

北京锐动智能科技有限公司收料单

供货单位：京南伟业科技有限公司　　　　2019 年 6 月 03 日　　　　材料大类：原材料

材料编号	名称	规格（mm）	单位	数量		实际价格		
				应收	实收	单价（元）	金额	其中：运杂费
01	医用级硅胶	1220*2440*5	张	200	200	99.00	19 800.00	—

制单：马红　　　　　　　　验收：马红　　　　　　　　主管：蔡亮

图表 4-25

招商银行

付 款 回 单

日期：2019年6月3日

付款账号：0200723241141024578

户名：北京锐动智能科技有限公司

开户行：招商银行北京南宫支行

金额（大写）：贰万贰仟叁佰柒拾肆元整

（小写）：￥22 374.00

收款人户名：京南伟业科技有限公司

收款人账号：0200723241141020013

收款人开户行：北京银行复兴门分理处

摘要：货款

提示：1.电子回单验证码相同表示同一笔业务回单，请勿重复记账使用。

2.已在银行柜台领用业务回单的单位，请注意核对，勿重复记账使用

招商银行股份有限公司
电子回单专用章

图表 4-26

北京增值税专用发票

北京市
发票联

开票日期：2019 年 6 月 03 日

购货单位	名　　称：北京锐动智能科技有限公司 纳税人识别号：91110106788905452P 地址 、电话：海淀区朱房路 555 号　010—81308888 开户行及账户：招商银行北京南宫支行 0200723241141024578	密码区	

货物或应税劳务名称	规格型号	单位	数量	单价	金额	税率	税额
医用级硅胶	1220*2440*5	张	200	99.00	19 800.00	13%	2 574.00
合计					￥19 800.00		￥2 574.00
价税合计（大写）	⊗贰万贰仟叁佰柒拾肆元整				（小写）￥22 374.00		

销货单位	名　　称：京南伟业科技有限公司 纳税人识别号：91110106788905402P 地址 、电话：海淀区光华路 40 号　010-85503502 开户行及账户：北京银行复兴门分理处　0200723241141020013	备注	京南伟业科技有限公司 91110106788905402P 发票专用章

第三联：发票联 购买方记账凭证

收款人：王小亮　复核：董磊　开票人：王小亮　销售方：（章）

图表 4-27

北京锐动智能科技有限公司收料单

供货单位：北京市集优电路有限公司

发票号码： 2019年6月04日 材料大类：原材料

材料编号	名称	规格	单位	数量		实际价格		
				应收	实收	单价（元）	金额	其中：运杂费
	PCB电路板	标准	条	860	860	100.00	86000.00	—

制单：马红 验收：马红 主管：蔡亮

图表 4-28

付款申请单

部门：采购部 申请日期：2019年6月04日

收款单位	北京市集优电路有限公司	合同号	Jjc01		
开户银行	工商银行复兴门分理处	合同总金额	97180.00		
开户账号	0200723241141020014	累计支付金额	97180.00		
付款项目摘要		付款金额	付款方式		备注
PCB电路板		97180.00	■网银 □支票 □现金 □承兑 □其他		
合计金额	玖万柒仟壹佰捌拾元整				

领导批示：李方正 财务负责人：张志东 部门负责人：蔡亮 经办人：马路

图表 4-29

1100143220　　**北京增值税专用发票**　　No 00275241　1100143220
0　0275902

北京市
发票联

开票日期：2019 年 6 月 04 日

购货单位	名　　称：北京锐动智能科技有限公司 纳税人识别号：91110106788905452P 地址 、 电话：海淀区朱房路 555 号　010—81308888 开户行及账户：招商银行北京南宫支行 0200723241141024578	密码区	

货物或应税劳务名称	规格型号	单位	数量	单价	金额	税率	税额
PCB 电路板	标准	条	860	100.00	86 000.00	13%	11 180.00
合计					￥86 000.00		￥11 180.00
价税合计（大写）	⊗玖万柒仟壹佰捌拾元整				（小写）￥97 180.00		

销货单位	名　　称：北京市集优电路有限公司 纳税人识别号：91110106788905403P 地址 、 电话：海淀区光华路 41 号　010-85503503 开户行及账户：工商银行复兴门分理处　0200723241141020014	备注	北京市集优电路有限公司 91110106788905403P 发票专用章

收款人：张磊　　复核：赵小科　　开票人：张磊　　销售方：（章）

第三联：发票联　购买方记账凭证

图表 4-30

招商银行

付 款 回 单

日期：2019年6月4日
付款账号：0200723241141024578
户名：北京锐动智能科技有限公司
开户行：招商银行北京南宫支行
金额（大写）：玖万柒仟壹佰捌拾元整
（小写）：￥97 180.00
收款人户名：北京市集优电路有限公司
收款人账号：0200723241141020014
收款人开户行：工商银行复兴门分理处
摘要：货款

提示：1.电子回单验证码相同表示同一笔业务回单，请勿重复记账使用。
2.已在银行柜台领用业务回单的单位，请注意核对，勿重复记账使用。

招商银行股份有限公司
电子回单专用章

图表 4-31

招商银行
现金支票存根
30801000
91003701

附加信息

出票日期 2019 年 6 月 05 日

收款人：北京锐动智能科技有限公司	
金　额：￥5 000.00	
用　途：备用金	

单位主管 李方正 会计 王英

图表 4-32

借　款　单

部门：销售部　　　　借款日期：2019 年 6 月 5 日

借款人：李奎	申请金额：￥3 000.00	项目名称：济南项目
借款事由：　与客户洽谈合同事宜		
结算方式：现金		现金付讫
备注：		
领导批示：李方正	财务主管：张志东	

会计：王英　　　　出纳：张春　　　　领款人：李奎

图表 4-33

北京增值税普通发票

1100143220　　北京市 发票联　　No 00275241　1100143220 0275903

开票日期：2019 年 6 月 6 日

购货单位	名　　称：北京锐动智能科技有限公司 纳税人识别号：91110106788905452P 地址 、 电话：海淀区朱房路 555 号　010—81308888 开户行及账户：招商银行北京南宫支行 02007232411410245 78				密码区			
货物或应税劳务名称	规格型号	单位	数量	单价	金额	税率	税额	
维修费	标准	批	1	340.78	340.78	3%	10.22	
合计					￥340.78		￥10.22	
价税合计（大写）	⊗叁佰伍拾壹元整				（小写）￥351.00			
销货单位	名　　称：北京大力维修厂 纳税人识别号：91110106788905404P 地址 、 电话：海淀区光华路 42 号　010-85503504 开户行及账户：工商银行复兴门分理处　020072324114102001 5				备注	北京市兴优电路有限公司 91110106788905403P 发票专用章		

收款人：陈宁　　复核：秦磊　　开票人：陈宁　　销售方：（章）

第二联：发票联 购买方记账凭证

图表 4-34

差旅费报销单（代支出凭单）

2019 年 6 月 6 日

出差人	马力		职务	职员	部门	销售部门		
出差事由	洽谈业务			出差日期	2019 年 6 月 1 日—6 月 2 日			
到达地点	广州							
项目金额	交通工具				其他	旅馆费	伙食补助	
	火车	汽车	轮船	飞机	补助	住宿 1 天	在途 1 天	伙食补助
	400.00	200.00				382.00		
总计人民币（大写）玖佰捌拾贰元整　　￥982.00								
原借款金额	报销金额		交结余或超支金额　￥118.00					
1 100.00	982.00		人民币（大写）壹佰壹拾捌元整					

图表 4-35

收　　据

2019 年 6 月 6 日

今收到：马力

交　来：多余差旅费

人民币（大写）壹佰壹拾捌元整　　　　　　￥118.00

现金收讫

收款人	张春	交款人	马力

收款单位

公　章

北京锐动智能科技有限公司 财务专用章

图表 4-36

招商银行

付 款 回 单

日期：2019年6月10日　　　　业务类型：中间业务平台交易

付款账号：0200723241141024578

户名：北京锐动智能科技有限公司

开户行：招商银行北京南宫支行

金额（大写）：肆万捌仟元整

（小写）：￥48 000.00

摘要：税款

商户名称：国库信息系统

提示：1.电子回单验证码相同表示同一笔业务回单，请勿重复记账使用。

2.已在银行柜台领用业务回单的单位，请注意核对，勿重复记账使用。

招商银行股份有限公司
电子回单专用章

图表 4-37

招商银行　电子缴税付款凭证

纳税人全称及识别号：北京锐动智能科技有限公司　91110106788905452P

付款人全称：北京锐动智能科技有限公司

付款人账号：0200723241141024578

付款人开户银行：招商银行北京南宫支行

小写（合计）：￥48 000.00

大写（合计）：肆万捌仟元整

税（费）种名称：增值税

征收相关机构：北京市海淀区国家税务局

收款国库（银行）名称：北京市海淀区支库

流水号：2019090552865400

税票号码：11016141118147120

实缴金额：￥48 000.00

所属日期 20190501—20190531

招商银行股份有限公司北京马连道支行

2019.06..10

业务专用章（1）

图表 4-38

招商银行

付 款 回 单

日期：2019年6月10日　业务类型：商务支付业务　流水号：GS25M2587DK25C33

付款账号：0200723241141024578

户名：北京锐动智能科技有限公司

开户行：招商银行北京南宫支行

金额（大写）：陆仟零柒拾肆元玖角肆分

（小写）：￥6 074.94

收款人户名：待结算财政款项—待报解预算收入专户（TIPS）

收款人账号：9105972069000401O

收款人开户行：招商银行北京分行运营管理部

摘要：上缴上月城市维护建设税、教育费附加、

地方教育费附加、个人所得税

提示：1.电子回单验证码相同表示同一笔业务回单，请勿重复记账使用。

2.已在银行柜台领用业务回单的单位，请注意核对，勿重复记账使用。

招商银行股份有限公司

电子回单专用章

图表 4-39

招商银行 电子缴税付款凭证

付款人全称：北京锐动智能科技有限公司 911101067889054523P

付款人账号：0200723241141024578
付款人开户银行：招商银行北京南宫支行
小写（合计）：￥6 074.94
大写（合计）：陆仟零柒拾肆元玖角肆分
税（费）种名称
城市维护建设税、教育费附加、
地方教育费附加、个人所得税

征收相关机构：北京市海淀区地方税务局
征收国库（银行）名称：国家金库北京市海淀区支库
流水号：2019090552869720
税票号码：11016141118147395
实缴金额：￥6 074.94

所属日期 20190501—20190531

招商银行股份有限公司北京南宫支行
2019.06.10
业务专用章（1）

图表 4-40

招商银行

付 款 回 单

日期：2019年6月11日
付款账号：0200723241141024578
户名：北京锐动智能科技有限公司
开户行：招商银行北京南宫支行
金额（大写）：捌仟陆佰叁拾叁元贰角零分
（小写）：￥8 633.20
收款人户名：国网北京市电力公司
收款人账号：0200723241141020016
收款人开户行：工商银行大红门分理处

摘要：电费

提示：1.电子回单验证码相同表示同一笔业务回单，请勿重复记账使用
2.已在银行柜台领用业务回单的单位，请注意核对，勿重复记账使用

招商银行股份有限公司
电子回单专用章

图表 4-41

北京增值税专用发票

北京市 发票联

No 00275241　1100143220 0275904

1100143220

开票日期：2019 年 6 月 11 日

购货单位		密码区	
	名　　称：北京锐动智能科技有限公司 纳税人识别号：91110106788905452P 地址、电话：海淀区朱房路 555 号　010—81308888 开户行及账户：招商银行北京南宫支行 0200723241141024578		

货物或应税劳务名称	规格型号	单位	数量	单价	金额	税率	税额
电费		度	15 280	0.5	7 640.00	13%	993.20
合计					¥7 640.00		¥993.20
价税合计（大写）	ⓧ捌仟陆佰叁拾叁元贰角零分				（小写）¥8 633.20		

销货单位		备注	
	名　　称：国网北京市电力公司 纳税人识别号：91110106788905405P 地址、电话：海淀区光华路 43 号　010-85503505 开户行及账户：工商银行大红门分理处　0200723241141020016		国网北京市电力公司 91110106788905405P 发票专用章

收款人：丁聪　　复核：彭飞　　开票人：丁聪　　销售方：（章）

第三联：发票联　购买方记账凭证

图表 4-42

北京增值税专用发票

北京市 发票联

No 00275241　1100143220 0275905

1100143220

开票日期：2019 年 6 月 12 日

购货单位		密码区	
	名　　称：北京锐动智能科技有限公司 纳税人识别号：91110106788905452P 地址、电话：海淀区朱房路 555 号　010—81308888 开户行及账户：招商银行北京南宫支行 0200723241141024578		

货物或应税劳务名称	规格型号	单位	数量	单价	金额	税率	税额
签字笔			50	2.50	125.00	13%	16.25
笔记本			20	7.00	140.00	13%	18.20
计算器			10	50.00	500.00	13%	65.00
合计					￥765.00		￥99.45
价税合计（大写）	ⓧ捌佰陆拾肆元肆角伍分				（小写）¥864.45		

销货单位		备注	
	名　　称：海淀区办公用品商城 纳税人识别号：91110106788905406P 地址、电话：海淀区光华路 44 号　010-85503506 开户行及账户：工商银行方庄分理处　0200723241141020017		海淀区办公用品商城 91110106788905406P 发票专用章

收款人：苏剑　　复核：韩晓波　　开票人：苏剑　　销售方：（章）

第三联：发票联　购买方记账凭证

图表 4-43

1100143220

北京增值税专用发票

北京市
发票联

No　00275241　1100143220
0275906

开票日期：2019 年 6 月 12 日

购货单位	名　　称：北京锐动智能科技有限公司 纳税人识别号：91110106788905452P 地址 、 电话：海淀区朱房路 555 号　010—81308888 开户行及账户：招商银行北京南宫支行 0200723241141024578	密码区				

货物或应税劳务名称	规格型号	单位	数量	单价	金额	税率	税额
广告费		次	1	6000.00	6 000.00	6%	360.00
合计					￥6 000.00		￥360.00
价税合计（大写）	ⓧ陆仟叁佰陆拾元整				（小写）￥6 360.00		

销货单位	名　　称：天地广告公司 纳税人识别号：91110106788905407P 地址 、 电话：海淀区光华路 45 号　010-85503507 开户行及账户：工商银行大红门分理处 0200723241141020018	备注	天地广告公司 91110106788905407P 发票专用章

收款人：陈鹏　　复核：李锋　　开票人：陈鹏　　销售方：　（章）

第三联：发票联　购买方记账凭证

图表 4-44

招商银行
转账支票存根
30801000
91003701

附加信息

出票日期 2019 年 6 月 12 日

收款人：	天地广告公司
金　额：	￥6 360.00
用　途：	广告费

单位主管 李方正　会计 王英

图表 4-45

招商银行
转账支票存根
30801000
91003702

附加信息______________

出票日期 2019 年 6 月 12 日

收款人：	北京晨星汽车
金　额：	￥202 609.00
用　途：	购车费

单位主管 李方正 会计 王英

图表 4-46

固定资产验收单

取得日期：2019 年 6 月 12 日　　　　交付使用日期：2019 年 6 月 12 日

固定资产名称	型号	制造厂	出厂年月	原值		
				买价	安装费	合计
小轿车	xny01	北汽新能源	2019.6	179 300.00	—	179 300.00
预计使用年限	月折旧率	月折旧额	总经理			
10 年	0.7%	1 255.10	李方正			
采购部门			使用部门		财务部	
	经理	经办人	经理	使用人	主管	会计
	綦亮	马路	肖大胜	马力	张志东	王英

图表 4-47

机动车销售统一发票

北京市 发票联

开票日期：2019 年 6 月 12 日

发票代码 140027524156
发票号码 01001432

机打代码	140027524156	税控码	035/5*0*13209<>92601160*56-84-0-2-45-*		
机打号码	11001432		1508*94343/>1234352-464/6++27>9-225*42		
机器编号	499911543669		22435354621-5/>56*32-422<7/63432*3++78		
购买方名称及身份证号码/组织机构代码	911101087239566044	纳税人识别号	91110106788905452P		
车辆类型	小轿车	厂牌型号	北汽 xny01	产地	北京市
合格证号	YJ5669000892045	进口证明书号	—	商检单号	—
发动机号码	F2202069	车辆识别代号/车架号码	LMFBC1C57H12133		
价税合计	⊗贰拾万贰仟陆佰零玖元整	（小写）¥202 609.00			
销货单位名称	北京晨星汽车	电话	010-85503508		
纳税人识别号	91110106788905408P	账号	0200723241141020019		
地址	海淀区光华路 46 号	开户银行	北京银行小屯路分理处		
增值税税率或征收率	13%	增值税税额	23 309.00	主管税务机关及代码	北京市海淀区国家税务局 144068
不含税价	小写：¥179 300.00	完税凭证号码		吨位	-
				限乘人数	5

北京辰星汽车 91110106788905408P 发票专用章

销货单位盖章　　开票人：周飞　　备注：一车一票

第三联：发票联（购货单位记账凭证）

图表 4-48

1100143220

北京增值税专用发票

北京市 发票联

No 00275241　1100143220
0275908

开票日期：2019 年 6 月 14 日

购货单位	名　称：北京锐动智能科技有限公司 纳税人识别号：91110106788905452P 地址、电话：海淀区朱房路 555 号　010—81308888 开户行及账户：招商银行北京南宫支行 0200723241141024578				密码区		
货物或应税劳务名称	规格型号	单位	数量	单价	金额	税率	税额
包装箱	标准	个	40	100	4 000.00	13%	520.00
合计					¥4 000.00		¥520.00
价税合计（大写）	⊗肆仟伍佰贰拾元整			（小写）¥4 520.00			
销货单位	名　称：北京市晨光包装有限公司 纳税人识别号：91110106788905409P 地址、电话：海淀区光华路 47 号　010-85503509 开户行及账户：北京银行西山路分理处 0200723241141020020				备注	北京市晨光包装有限公司 91110106788905409P 发票专用章	

收款人：张小辉　　复核：靳超　　开票人：张小辉　　销售方：（章）

第三联：发票联 购买方记账凭证

图表 4-49

招商银行

付款回单

日期：2019年6月14日
付款账号：0200723241141024578
户名：北京锐动智能科技有限公司
开户行：招商银行北京南宫支行
金额（大写）：肆仟伍佰贰拾元整
（小写）：￥4 520.00
收款人户名：北京市晨光包装有限公司
收款人账号：0200723241141020020
收款人开户行：北京银行西山路分理处
摘要：货款

提示：1.电子回单验证码相同表示同一笔业务回单，请勿重复记账使用。
2.已在银行柜台领用业务回单的单位，请注意核对，勿重复记账使用。

招商银行股份有限公司
电子回单专用章

图表 4-50

包装物入库单

2019 年 6 月 14 日

品名	单位	数量	单价	金额	备注
包装箱	个	40	100	4 000.00	
合计		40	100	4 000.00	

验收：蔡贺　　主管：刘钊　　记账：李依依

图表 4-51

低值易耗品入库单

2019 年 6 月 15 日

品名	单位	数量	单价	金额	备注
吸锡器	个	70	8	560.00	
合计		70	8	560.00	

验收：蔡贸　　主管：刘钊　　记账：李依依

图表 4-52

1100143220　　**北京增值税专用发票**　　No 00275241　1100143220 0275909

北京市 发票联

开票日期：2019 年 6 月 15 日

购货单位	名　　称：北京锐动智能科技有限公司 纳税人识别号：91110106788905452P 地址、电话：海淀区未房路 555 号　010—81308888 开户行及账户：招商银行北京南宫支行 0200723241141024578			密码区			
货物或应税劳务名称	规格型号	单位	数量	单价	金额	税率	税额
吸锡器		个	70	8	560.00	13%	72.80
合计					¥560.00		¥72.80
价税合计（大写）	⊗陆佰叁拾贰元捌角零分				（小写）¥632.80		
销货单位	名　　称：北京科宝电器有限公司 纳税人识别号：91110106788905410P 地址、电话：海淀区光华路 47 号　010-85503510 开户行及账户：招商银行方庄分理处　0200723241141020021			备注	北京科宝电器有限公司 91110106788905410P 发票专用章		

第三联：发票联　购买方记账凭证

收款人：李明　　复核：张丽　　开票人：李明　　销售方：（章）

图表 4-53

北京增值税专用发票

北京市 发票联

No 00275241　1100143220
0275910

1100143220

开票日期：2019 年 6 月 18 日

购货单位	名　　称：北京锐动智能科技有限公司 纳税人识别号：91110106788905452P 地址、电话：海淀区朱房路 555 号　010—81308888 开户行及账户：招商银行北京南宫支行 0200723241141024578	密码区	

货物或应税劳务名称	规格型号	单位	数量	单价	金额	税率	税额
运动传感器	定制	个	200	110.00	22 000.00	13%	2 860.00
光学心率传感器	定制	个	200	80.00	16 000.00	13%	2 080.00
锂电池	定制	个	200	20.00	4 000.00	13%	520.00
合计					¥42 000.00		¥5 460.00
价税合计（大写）	⊗肆万柒仟肆佰陆拾元整				（小写）¥47 460.00		

销货单位	名　　称：东南电子城 纳税人识别号：91110106788905411P 地址、电话：海淀区光华路 48 号　010-85503511 开户行及账户：建设银行西山路分理处　0200723241141020022	备注	东南电子城 91110106788905411P 发票专用章

第三联：发票联　购买方记账凭证

收款人：李楠　　复核：王鹏　　开票人：李楠　　销售方：（章）

图表 4-54

招商银行

付 款 回 单

日期：2019年6月18日
付款账号：0200723241141024578
户名：北京锐动智能科技有限公司
开户行：招商银行北京南宫支行
金额（大写）：叁万柒仟肆佰陆拾元整
（小写）：¥37 460.00
收款人户名：东南电子城
收款人账号：0200723241141020022
收款人开户行：建设银行西山路分理处

摘要：货款

提示：1.电子回单验证码相同表示同一笔业务回单，请勿重复记账使用。
2.已在银行柜台领用业务回单的单位，请注意核对，勿重复记账使用。

招商银行股份有限公司
电子回单专用章

图表 4-55

北京锐动智能科技有限公司收料单

供货单位：东南电子城　　　　日期：2019 年 6 月 18 日

材料编号	名称	规格	单位	数量		实际价格		
				应收	实收	单价（元）	金额	其中：运杂费
	运动传感器	定制	个	200	200	110.00	22 000.00	
	光学心率传感器	定制	个	200	200	80.00	16 000.00	
	锂电池	定制	个	300	200	20.00	4 000.00	
合计				600	600		42 000.00	

制单：尹丽　　验收：蔡贸　　主管：刘钊　　记账：李依依

图表 4-56

北京锐动智能科技有限公司发货单

购货单位：北京富力家居广场　　　　日期：2019 年 6 月 18 日

名称及规格	单位	数量	单价	金额											备注
				亿	千	百	十	万	千	百	十	元	角	分	
锐动手环 B2	个	200	¥3 500.00			¥	7	0	0	0	0	0	0	0	

主管：刘钊　　记账：李依依　　制单：尹丽

图表 4-57

北京增值税专用发票

1100143220　　（北京市）　　No 00275241　1100143220 0275911

发票联

开票日期：2019 年 6 月 18 日

购货单位：
- 名　　称：北京富力家居广场
- 纳税人识别号：91110106788905412P
- 地址、电话：海淀区光华路 498 号　010-85503513
- 开户行及账户：：建设银行大望路分理处　0200723241141020023

密码区

货物或应税劳务名称	规格型号	单位	数量	单价	金额	税率	税额
锐动手环 B2		个	200	3 500.00	700 000.00	13%	91 000.00
合计					¥700 000.00		¥91 000.00
价税合计（大写）	⊗柒拾玖万壹仟元整				（小写）¥791 000.00		

销货单位：
- 名　　称：北京锐动智能科技有限公司
- 纳税人识别号：91110106788905452P
- 地址、电话：海淀区朱房路 555 号　010—81308888
- 开户行及账户：招商银行北京南宫支行 0200723241141024578

备注：（北京锐动智能科技有限公司 91110106788905452P 发票专用章）

收款人：张春　　复核：张志东　　开票人：张春　　销售方：（章）

第一联：记账联　销售方记账凭证

图表 4-58

收 款 回 单　　招商银行

日期：2019年6月18日
付款账号：0200723241141020023
户　　名：北京富力家居广场
开户行：建设银行大望路分理处
金额（大写）：柒拾玖万壹仟元整
　　（小写）：￥791 000.00
收款人户名：北京锐动智能科技有限公司
收款人账号：0200723241141024578
收款人开户行：招商银行北京南宫支行

摘要：货款

提示：1. 电子回单验证码相同表示同一笔业务回单，请勿重复记账使用。
2. 已在银行柜台领用业务回单的单位，请注意核对，勿重复记账使用。

招商银行股份有限公司
电子回单专用章

图表 4-59

工资发放汇总表（5 月份工资表）

日期：2019 年 6 月 18 日　　单位：元

部门		职工人数	应发工资	扣除项目			实发工资
				社会保险	住房公积金	个税	
整形车间	生产工人	50	185 000.00	18 000.00	17 500.00	0.00	149 500.00
	管理人员	3	19 500.00	1 845.00	1 800.00	220.50	15 634.50
贴片车间	生产工人	35	126 000.00	10 815.00	10 500.00	0.00	104 685.00
	管理人员	2	10 600.00	1 026.00	1 000.00	47.22	8 526.78
组装车间	生产工人	38	117 800.00	11 742.00	11 400.00	0.00	94 658.00
	管理人员	2	10 600.00	1 026.00	1 000.00	47.22	8 526.78
销售人员		25	85 000.00	7 725.00	7 500.00	0.00	69 775.00
行政管理人员		20	64 000.00	6 180.00	6 000.00	0.00	51 820.00
合计		175	618 500.00	58 359.00	56 700.00	314.94	503 126.06

图表 4-60

付 款 回 单　　　　招商银行

日期：2019年6月18日　　　业务类型：企业银行代发工资

付款账号：020072324141024578

户名：北京锐动智能科技有限公司

开户行：招商银行北京南宫支行

金额（大写）：伍拾万零叁仟壹佰贰拾陆元零角陆分

（小写）：￥503 126.06

摘要：发放5月份工资

提示：1．电子回单验证码相同表示同一笔业务回单，请勿重复记账使用。

2．已在银行柜台领用业务回单的单位，请注意核对，勿重复记账使用。

招商银行股份有限公司

电子回单专用章

图表 4-61

工资结算汇总表

部门		人数	应发工资	养老保险	医疗保险	失业保险	工伤保险	生育保险	社保合计	住房公积金
整形车间	生产工人	50	185 000.00	35 000.00	17 500.00	1 750.00	875.00	1 400.00	56 525.00	17 500.00
	管理人员	3	19 500.00	3 600.00	1 800.00	180.00	90.00	144.00	5 814.00	1 800.00
贴片车间	生产工人	35	126 000.00	21 000.00	10 500.00	1 050.00	525.00	840.00	33 915.00	10 500.00
	管理人员	2	10 600.00	2 000.00	1 000.00	100.00	50.00	80.00	3 230.00	1 000.00
组装车间	生产工人	38	117 800.00	22 800.00	11 400.00	1 140.00	570.00	912.00	36 822.00	11 400.00
	管理人员	2	10 600.00	2 000.00	1 000.00	100.00	50.00	80.00	3 230.00	1 000.00
销售人员		25	85 000.00	15 000.00	7 500.00	750.00	375.00	600.00	24 225.00	7 500.00
行政管理人员		20	64 000.00	12 000.00	6 000.00	600.00	300.00	480.00	19 380.00	6 000.00
合计		175	618 500.00	113 400.00	56 700.00	5 670.00	2 835.00	4 536.00	183 141.00	56 700.00

图表 4-62

付 款 回 单　　　　招商银行

日期：2019年6月18日　　业务类型：住房公积金托收业务
付款账号：020072324141024578　　收款人全称：北京市海淀区公积金管理中心
户名：北京锐动智能科技有限公司
开户行：招商银行北京南宫支行
金额（大写）：拾壹万叁仟肆佰元整
（小写）：¥113 400.00
日期：2019年5月

摘要：住房公积金

提示：1. 电子回单验证码相同表示同一笔业务回单，请勿重复记账使用。
2. 已在银行柜台领用业务回单的单位，请注意核对，勿重复记账使用。

招商银行股份有限公司
电子回单专用章

图表 4-63

付 款 回 单　　　　招商银行

日期：2019年6月18日　　业务类型：社保托收业务
付款账号：020072324141024578　　收款人全称：北京市海淀区社会保险管理中心
户名：北京锐动智能科技有限公司
开户行：招商银行北京南宫支行
金额（大写）：贰拾肆万壹仟伍佰元整
（小写）：¥241 500.00
日期：2019年5月

社保证号：911101086876070004P　　五险+月报
日期：2019年5月
养老：158 936.22
医疗：68305.42
失业：6 830.61
生育：4 570.92
工伤：2 856.83

招商银行股份有限公司
电子回单专用章

图表 4-64

北京锐动智能科技有限公司发货单

购货单位：南光商业设计公司　　　　　　　　　　　日期：2019 年 6 月 18 日

名称及规格	单位	数量	单价	金额											备注
				亿	千	百	十	万	千	百	十	元	角	分	
锐动手环 B1	个	400	￥2 200.00			￥	8	8	0	0	0	0	0	0	

主管：刘钊　　　　　　　　记账：李依依　　　　　　　　制单：尹丽

图表 4-65

招商银行
转账支票存根
30801000
91003703

附加信息

出票日期 2019 年 6 月 18 日

收款人：	大通货运公司
金　额：	￥8 000.00
用　途：	运费

单位主管 李方正　　　会计 王英

图表 4-66

1100143220 北京增值税专用发票 No 00275241 1100143220 0275912

北京市

发票联

开票日期：2019 年 6 月 18 日

购货单位	
名称	南光商业设计公司
纳税人识别号	91110106788905413P
地址、电话	海淀区光华路 49 号 010-85503514
开户行及账户	：建设银行十里堡分理处 0200723241141020024
密码区	

货物或应税劳务名称	规格型号	单位	数量	单价	金额	税率	税额
锐动手环 B1	标准	个	400	2 200．00	880 000.00	13%	114 400.00
合计					￥880 000.00		￥114 400.00
价税合计（大写）	⊗玖拾玖万肆仟肆佰元整				（小写）￥994 400.00		

销货单位	
名称	北京锐动智能科技有限公司
纳税人识别号	91110106788905452P
地址、电话	海淀区朱房路 555 号 010—81308888
开户行及账户	招商银行北京南宫支行 0200723241141024578
备注	北京锐动智能科技有限公司 91110106788905452P 发票专用章

第一联：记账联 销售方记账凭证

收款人：张春 复核：张志东 开票人：张春 销售方：（章）

图表 4-67

付款回单 招商银行

日期：2019年6月19日

付款账号：0200723241141024578

户名：北京锐动智能科技有限公司

开户行：招商银行北京南宫支行

金额（大写）：贰仟壹佰陆拾叁元整

（小写）：￥2 163.00

收款人户名：北京自来水公司

收款人账号：0200723241141020025

收款人开户行：民生银行大红门分理处

摘要：水费

提示：1．电子回单验证码相同表示同一笔业务回单，请勿重复记账使用。

2．已在银行柜台领用业务回单的单位，请注意核对，勿重复记账使用。

招商银行股份有限公司
电子回单专用章

图表 4-68

1100143220　　　　北京增值税普通发票　　　　No　00275241　　1100143220 0275913

（北京市 发票联）　　　　开票日期：2019 年 6 月 19 日

购货单位	名　　称：北京锐动智能科技有限公司 纳税人识别号：91110106788905452P 地址 、 电话：海淀区朱房路 555 号 010-81308888 开户行及账户：招商银行北京南宫支行 0200723241141024578					密码区		
货物或应税劳务名称	规格型号	单位	数量	单价	金额	税率	税额	
水费	标准	吨	1 984.40	1	1 984.40	9%	178.60	
合计					¥1 984.40		¥178.60	
价税合计（大写）	⊗贰仟壹佰陆拾叁元整			（小写）¥2 163.00				
销货单位	名　　称：北京自来水公司 纳税人识别号：91110106788905414P 地址 、 电话：海淀区光华路 50 号　010-85503515 开户行及账户：民生银行大红门分理处　0200723241141020025					备注	（北京自来水公司 91110106788905414P 发票专用章）	

第二联：发票联　购买方记账凭证

收款人：王达　　复核：李康　　开票人：王达　　销售方：　（章）

图表 4-69

北京锐动智能科技有限公司发货单

购货单位：天胜体育用品有限公司　　　　2019 年 6 月 20 日

名称及规格	单位	数量	单价	金额											备注
				亿	千	百	十	万	千	百	十	元	角	分	
锐动手环 B2	个	80	¥3 500.00			¥	2	8	0	0	0	0	0	0	

主管：刘钊　　　　记账：李依依　　　　制单：尹丽

图表 4-70

北京增值税专用发票

1100143220　　　　发票联　　　　No　00275241　　1100143220 0275914

（印章：全国统一发票监制章　北京市）

开票日期：2019 年 6 月 20 日

购货单位	名　　称：天胜体育用品有限公司 纳税人识别号：91110106788905415P 地址 、 电话：海淀区光华路 51 号　010-85503516 开户行及账户：光大银行十里堡分理处　020072324114102002б				密码区		
货物或应税劳务名称	规格型号	单位	数量	单价	金额	税率	税额
锐动手环 B2	标准	个	80	3 500.00	280 000.00	13%	36 400.00
合计					¥280 000.00		¥36 400.00
价税合计（大写）	⊗叁拾壹万陆仟肆佰元整				（小写）¥316 400.00		
销货单位	名　　称：北京锐动智能科技有限公司 纳税人识别号：91110106788905452P 地址 、 电话：海淀区朱房路 555 号　010—81308888 开户行及账户：招商银行北京南宫支行 020072324114102457８				备注	（印章：北京锐动智能科技有限公司 91110106788905452P 发票专用章）	

收款人：张春　　复核：张志东　　开票人：张春　　销售方：（章）

第一联：记账联　销售方记账凭证

图表 4-71

招商银行进账单（回　单）　1

2019 年 6 月 20 日

出票人	全　称	天胜体育用品有限公司	收款人	全　称	北京锐动智能科技有限公司
	账　号	0200723241141020026		账　号	0200723241141024578
	开户银行	光大银行十里堡分理处		开户银行	招商银行北京南宫支行
金额	人民币（大写）叁拾壹万陆仟肆佰元整				亿 千 百 十 万 千 百 十 元 角 分 ¥ 3 1 6 4 0 0 0 0
票据种类	转账支票	票据张数	1		（印章：招商银行北京南宫支行 2019.6 业务办讫章）
票据号码					
复核　　记账					

此联是持票人开户银行交给持票人的通知收账通知

图表 4-72

客 户 回 单　　　　招商银行

日期：2019年6月20日
付款账号：0200723241141024578
贷款人全称：北京锐动智能科技有限公司
开户银行：招商银行北京南宫支行
金额（大写）：贰仟柒佰元整
摘要：贷款利息
借款人名称：北京锐动智能科技有限公司

起息日：20180621　　止息日：20190620　利率（月）：1.35%　　基数：200 000.00

经办：

招商银行股份有限公司
电子回单专用章

图表 4-73

存款利息收入回单　　　　招商银行

日期：2019年6月20日　业务类型：利息收入
收款账号：0200723241141024578
户名：北京锐动智能科技有限公司
开户银行：招商银行北京南宫支行
利息金额（大写）：壹佰肆拾元整
预提所得税：0
税后利息（大写）：壹佰肆拾元整
税后利息（小写）：￥140.00

摘要：利息收入

经办：

招商银行股份有限公司
电子回单专用章

图表 4-74

固定资产清查盈亏报告表

固定资产编号	固定资产名称	规格型号	数量	盘盈		盘亏		原因
				重置价值	估计折旧	原值	累计折旧	
01	万用电表		1只			6 000.00	4 500.00	交接不清遗失
注：无盈亏的报表另行装订，6 月 26 日清查结束。								

图表 4-75

1100143220　　**北京增值税专用发票**　　No 00275241　1100143220 0275915

北京市

发票联　　开票日期：2019 年 6 月 26 日

购货单位	名　　称：达来科技有限公司 纳税人识别号：91110106788905416P 地址、电话：海淀区光华路 51 号　010-85503517 开户行及账户：光大银行十里堡分理处　0200723241410200027				密码区		
货物或应税劳务名称	规格型号	单位	数量	单价	金额	税率	税额
包装箱		个	1	320.00	320.00	13%	41.60
合计					¥320.00		¥41.60
价税合计（大写）	⊗叁佰陆拾壹元陆角零分				（小写）¥361.60		
销货单位	名　　称：北京锐动智能科技有限公司 纳税人识别号：91110106788905452P 地址、电话：海淀区朱房路 555 号　010—81308888 开户行及账户：招商银行北京南宫支行 0200723241410245578				备注	北京锐动智能科技有限公司 91110106788905452P 发票专用章	

第一联：记账联　销售方记账凭证

收款人：张春　　复核：张志东　　开票人：张春　　销售方：（章）

图表 4-76

领　料　单

2019 年 6 月 30 日

领料单位		管理部门		用途	4 号厂房	
编号	材料名科	规格	数量	单位	单价	成本金额
01	石子		2	吨	4 000.00	8 000.00
02	黄沙		4	吨	3 000.00	12 000.00
合计					7 000.00	20 000.00

会计主管：赵存方　　制单：李梅

图表 4-77

招商银行
转账支票存根
30801000
91003704

附加信息

出票日期 2019 年 6 月 30 日

收款人：	东风速递物流公司
金　额：	¥7 412.00
用　途：	运费

单位主管 李方正 会计 王英

图表 4-78

北京增值税专用发票
发票联

1100143220　　No 00275241　1100143220
开票日期：2019 年 6 月 30 日　0275916

购货单位	名称：北京锐动智能科技有限公司 纳税人识别号：91110106788905452P 地址、电话：海淀区朱房路 555 号 010—81308888 开户行及账户：招商银行北京南宫支行 0200723241141024578				密码区		
货物或应税劳务名称	规格型号	单位	数量	单价	金额	税率	税额
运费			1	6 800.00	6 800.00	9%	612.00
合计					¥6 800.00		¥612.00
价税合计（大写）	⊗柒仟肆佰壹拾贰元整				（小写）¥7 412.00		
销货单位	名称：东风速递物流公司 纳税人识别号：91110106788905417P 地址、电话：海淀区光华路 52 号 010-85503516 开户行及账户：：农商银行方庄分理处 0200723241141020026				备注	东风速递物流公司 91110106788905417P 发票专用章	

第三联：发票联　购买方记账凭证

收款人：王凯　　复核：张蒙　　开票人：王凯　　销售方：（章）

图表 4-79

工资结算汇总表

部门		人数	应发工资	养老保险	医疗保险	失业保险	工伤保险	生育保险	社保合计	住房公积金	合计
整形车间	生产工人—B1	25	92 500.00	17 500.00	8 750.00	875.00	437.50	700.00	28 262.50	8 750.00	129 512.50
	生产工人—B2	25	92 500.00	17 500.00	8 750.00	875.00	437.50	700.00	28 262.50	8 750.00	129 512.50
	管理人员	3	19 500.00	3 600.00	1 800.00	180.00	90.00	144.00	5 814.00	1 800.00	27 114.00
贴片车间	生产工人—B1	18	63 000.00	10 500.00	5 250.00	525.00	262.50	420.00	16 957.50	5 250.00	85 207.50
	生产工人—B2	17	63 000.00	10 500.00	5 250.00	525.00	262.50	420.00	16 957.50	5 250.00	85 207.50
	管理人员	2	10 600.00	2 000.00	1 000.00	100.00	50.00	80.00	3 230.00	1 000.00	14 830.00
组装车间	生产工人—B1	19	58 900.00	11 400.00	5 700.00	570.00	285.00	456.00	18 411.00	5 700.00	83 011.00
	生产工人—B2	19	58 900.00	11 400.00	5 700.00	570.00	285.00	456.00	18 411.00	5 700.00	83 011.00
	管理人员	2	10 600.00	2 000.00	1 000.00	100.00	50.00	80.00	3 230.00	1 000.00	14 830.00
销售人员		25	85 000.00	15 000.00	7 500.00	750.00	375.00	600.00	24 225.00	7 500.00	116 725.00
行政管理人员		20	64 000.00	12 000.00	6 000.00	600.00	300.00	480.00	19 380.00	6 000.00	89 380.00
合计		175	618 500.00	113 400.00	56 700.00	5 670.00	2 835.00	4 536.00	183 141.00	56 700.00	858 341.00

图表 4-80

固定资产清查盈亏报告表

2019 年 6 月 30 日

固定资产编号	固定资产名称	规格型号	数量	盘盈		盘亏		原因
				重置价值	估计折旧	原值	累计折旧	
	万用电表		1只			6 000.00	4 500.00	交接不清遗失
无盈亏的报表另行装订，6 月 30 日清查结束。								

总经理同意列入当期损益　李方正　　　　财务部主管：张志东

图表 4-81

水电费分配表

2019 年 6 月

部门	水费（1 元/吨）		电费（0.5 元/度）		合计
整形车间	400	400.00	4 000	2 000.00	2 400.00
贴片车间	700	700.00	4 260	2 130.00	2 830.00
组装车间	600	600.00	3 820	1 910.00	2 510.00
管理部门	400	400.00	3 200	1 600.00	2 000.00
合计	2 100	2 100.00	15 280	7 640.00	9 740.00

经理：赵府方　　　　复核：赵府方　　　　制单：李梅

图表 4-82

固定资产折旧计算表

固定资产类别		月折旧率	原始价值	本月计提的折旧额
整形车间	房屋及建筑物	0.3%	3 328 000.00	9 984.00
	设备	0.6%	8 697 500.00	52 185.00
	小计		12 025 500.00	62 169.00
贴片车间	房屋及建筑物	0.3%	1 993 500.00	5 980.50
	设备	0.6%	2 345 500.00	14 073.00
	小计		4 339 000.00	20 053.50
组装车间	房屋及建筑物	0.3%	3 650 000.00	10 950.00
	设备	0.6%	3 662 500.00	21 975.00
	小计		7 312 500.00	32 925.00
行政管理部门	房屋及建筑物	0.3%	3 783 500.00	11 350.50
	运输工具	0.7%	695 000.00	4 865.00
	小计		4 478 500.00	16 215.50
合计			28 155 500.00	131 363.00

图表 4-83

领　料　单

2019 年 6 月 30 日

领料单位		整形车间				用　途
编号	材料名科	单位	数量	单价	成本金额	
01	运动传感器	个	100	101.67	10 167.00	锐动手环 B1
02	光学传感器	个	50	50.59	2 529.50	锐动手环 B1
03	锂电池	个	50	20	1 000.00	锐动手环 B2
04	闪存芯片	块	50	100	5 000.00	锐动手环 B1、锐动手环 B2 各 50%
05	PCB 电路板	条	400	115.59	46 236.00	锐动手环 B1、锐动手环 B2 各 50%
06	马达振子	个	400	20	8 000.00	锐动手环 B1、锐动手环 B2 各 50%
07	蓝牙天线	个	400	25	10 000.00	锐动手环 B1、锐动手环 B2 各 50%
08	封装胶	千克	100	10	1 000.00	锐动手环 B1、锐动手环 B2 各 50%
09	机油	千克	50	10	500.00	机器保养用
10	棉纱	千克	50	9	450.00	机器保养用
11	三角带	根	20	10	200.00	机器维修用
合计					85 082.50	

会计主管：赵芳方　　　　制单：李梅

图表 4-84

领料凭证汇总表

2019 年 6 月 30 日

材料名科	生产成本—整形车间—锐动手环 B1	生产成本—整形车间—锐动手环 B2	制造费用—修理费	合　计
运动传感器	10 167.00			10 167.00
光学传感器	2 529.50			2 529.50
锂电池		1 000.00		1 000.00
闪存芯片	2 500.00	2 500.00		5 000.00
PCB 电路板	23 118.00	23 118.00		46 236.00
马达振子	4 000.00	4 000.00		8 000.00
蓝牙天线	5 000.00	5 000.00		10 000.00
封装胶	500.00	500.00		1 000.00
机油			500.00	500.00
棉纱			450.00	450.00
三角带			200.00	200.00
合计	47 814.50	36 118.00	1 150.00	85 082.50

会计主管：赵芳方　　　　制单：李梅

图表 4-85

领 料 单

2019 年 6 月 30 日

领料单位		贴片车间				用 途
编号	材料名科	单位	数量	单价	成本金额	
01	助焊剂	桶	10	500.00	5 000.00	锐动手环 B1 和锐动手环 B2 各 50%
02	锡膏	桶	12	300.00	3 600.00	锐动手环 B1 和锐动手环 B2 各 50%
合计					8 600.00	

会计主管：赵存方　　　　制单：李梅

图表 4-86

领料凭证汇总表

2019 年 6 月 30 日

材料名科	生产成本—贴片车间—锐动手环 B1	生产成本—贴片车间—锐动手环 B2	合 计
助焊剂	2 500.00	2 500.00	5 000.00
锡膏	1 800.00	1 800.00	3 600.00
合计	4 300.00	4 300.00	8 600.00

会计主管：赵存方　　　　制单：李梅

图表 4-87

领 料 单

2019 年 6 月 30 日

领料单位		组装车间				用 途
编号	材料名科	单位	数量	单价	成本金额	
01	ABC 工程塑料	块	100	14	1 400.00	锐动手环 B1 和锐动手环 B2 各 50%
02	OLED 屏	块	50	180	9 000.00	锐动手环 B1 和锐动手环 B2 各 50%
03	医用级硅胶	张	50	99	4 950.00	锐动手环 B1 和锐动手环 B2 各 50%
04	棉纱	千克	40	9.00	360.00	机器保养用
05	机油	千克	40	9.00	360.00	机器保养用
合计					16 070.00	

图表 4-88

领料凭证汇总表

2019 年 6 月 30 日

材料名科	生产成本—组装车间—锐动手环 B1	生产成本—组装车间—锐动手环 B2	制造费用—修理费	合　计
ABC 工程塑料	700.00	700，00		1 400.00
OLED 屏	4 500.00	4 500.00		9 000.00
医用级硅胶	2 475.00	2 475.00		4 950.00
棉纱			360.00	360.00
机油			360.00	360.00
合计	7 675.00	7 675.00	720.00	16 070.00

会计主管：赵存方　　　　制单：李梅

图表 4-89

领　料　单

2019 年 6 月 30 日

领料单位		销售部		用途	销售产品包装物，已经单独计价	
编号	材料名科	规格	数量	单位	单价	成本金额
01	包装箱		1	个	100.00	100.00
合计						100.00

会计主管：赵存方　　　　制单：李梅

图表 4-90

领　料　单

2019 年 6 月 30 日

领料单位		整形车间		用途	元器件整形用	
编号	材料名科	规格	数量	单位	单价	成本金额
01	钳具	标准	5	把	170.00	850.00
合计						850.00

会计主管：赵存方　　　　制单：李梅

图表 4-91

领 料 单

2019 年 6 月 30 日

领料单位		贴片车间		用途	劳动保护	
编号	材料名科	规格	数量	单位	单价	成本金额
01	工作服	标准	10	套	150.00	1 500.00
合计						1 500.00

会计主管：赵存方　　　　制单：李梅

图表 4-92

领 料 单

2019 年 6 月 30 日

领料单位		组装车间		用途	车间检验	
编号	材料名科	规格	数量	单位	单价	成本金额
01	分厘卡	标准	20	把	100.00	2 000.00
合计						2 000.00

会计主管：赵存方　　　　制单：李梅

图表 4-93

领 料 单

2019 年 6 月 30 日

领料单位		管理部门		用途	修理	
编号	材料名科	规格	数量	单位	单价	成本金额
01	虎钳	标准	2	只	200.00	400.00
合计						

会计主管：赵存方　　　　制单：李梅

图表 4-94

各车间制造费用分配表

2019 年 6 月 30 日

部门	生产成本（分配率 50%）		制造费用					
	锐动手环 B1	锐动手环 B2	合计	工资	折旧费	机物料	水电费	其他
整形车间	46 841.50	46 841.50	93 683.00	27 114.00	62 169.00	850.00	2 400.00	1 150.00
贴片车间	19 606.75	19 606.75	39 213.50	14 830.00	20 053.50	1 500.00	2 830.00	0.00
组装车间	26 492.50	26 492.50	52 985.00	14 830.00	32 925.00	2 000.00	2 510.00	720.00

会计主管：赵存方　　　　制单：李梅

图表 4-95

产品成本计算汇总表

部门	产品		直接材料	直接人工	制造费用	自制半成品	合计
整形车间（在产品完工比50%）	锐动手环B1	期初余额	150 120.00	50 400.00	82 650.00	0.00	283 170.00
		本期增加	47 814.50	129 512.50	46 841.50	0.00	224 168.50
		小计	197 934.50	179 912.50	129 491.50	0.00	507 338.50
		完工产品(100 个)	98 967.25	89 956.25	64 745.75	0.00	253 669.25
		在产品（200 个）	98 967.25	89 956.25	64 458.25	0.00	253 381.75
	锐动手环B2	期初余额	0.00	0.00	0.00	0.00	0.00
		本期增加	36 118.00	129 512.50	46 841.50	0.00	212 472.00
		小计	36 118.00	129 512.50	46 841.50	0.00	212 472.00
		完工产品(100 个)	18 059.00	64 756.25	23 420.75	0.00	106 236.00
		在产品（200 个）	18 059.00	64 756.25	23 133.25	0.00	105 948.50
贴片车间	锐动手环B1	期初余额	12 300.00	11 000.00	10 800.00	22 300.00	56 400.00
		本期增加	4 300.00	85 207.50	19 606.75	253 669.25	362 783.50
		小计	16 600.00	96 207.50	30 406.75	275 969.25	419 183.50
		完工产品(100 个)	8 300.00	48 103.75	15 203.38	137 984.63	209 591.75
		在产品（200 个）	8 300.00	48 103.75	15 203.38	137 984.63	209 591.75
	锐动手环B2	期初余额	8 230.00	11 144.00	13 120.00	10 600.00	43 094.00
		本期增加	4 300.00	85 207.50	19 606.75	106 236.00	215 350.25
		小计	12 530.00	96 351.50	32 726.75	116 836.00	258 444.25
		完工产品(100 个)	6 265.00	48 175.75	16 363.38	58 418.00	129 222.13
		在产品（200 个）	6 265.00	48 175.75	16 363.38	58 418.00	129 222.13
组装车间	锐动手环B1	期初余额	800.00	750.00	810.00	3 050.00	5 410.00
		本期增加	7 675.00	83 011.00	26 492.50	209 591.75	326 770.25
		小计	8 475.00	83 761.00	27 302.50	212 641.75	332 180.25
		完工产品(100 个)	4 237.50	41 880.50	13 471.25	106 320.88	165 910.13
		单位成本	42.38	418.81	134.71	1 063.21	1 659.10
		在产品（200 个）	4 237.50	41 880.50	13 471.25	106 320.88	165 910.13
	锐动手环B2	期初余额	5 044.00	6 500.00	7 230.00	142 000.00	160 774.00
		本期增加	7 675.00	83 011.00	26 492.50	129 222.13	246 400.63
		小计	12 719.00	89 511.00	33 722.50	271 222.13	407 174.63
		完工产品(100 个)	6 359.50	44 755.50	16 861.25	135 611.07	203 587.32
		单位成本	63.60	447.56	168.61	1 356.11	2 035.87
		在产品（200 个）	6 359.50	44 755.50	16 861.25	135 611.07	203 587.32

图表 4-96

销售产品出库单

购货单位：北京富力家居广场　　　　2019 年 6 月 18 日

编号	产品名称	规格	数量	单位	单位成本	金额
01	锐动手环 B2	标准	200	个	2 172.65	434 530.00
合计						

会计主管：赵春方　　　　制单：李梅

锐动手环 B2 加权平均单位成本=（1 100 000.00+203 587.32）÷（500+100）

=2 172.65（元/个）

图表 4-97

销售产品出库单

购货单位：南光商业设计公司　　　　2019 年 6 月 18 日

编号	产品名称	规格	数量	单位	单位成本	金额
02	锐动手环 B1	标准	400	个	1 741.74	696 696.00
合计						

会计主管：赵春方　　　　制单：李梅

锐动手环 B1 加权平均单位成本=（1 750 000.00+165 910.13）÷（1 000+100）

=1 741.74（元/个）

图表 4-98

销售产品出库单

购货单位：天胜体育用品有限公司　　　　2019 年 6 月 20 日

编号	产品名称	规格	数量	单位成本	单位成品	金额
03	锐动手环 B2	标准	80	个	2 172.65	173 812.00
合计						

会计主管：赵春方　　　　制单：李梅

锐动手环 B2 加权平均单位成本=（1 100 000.00+203 587.32）÷（500+100）

=2 172.65（元/个）

图表 4-99

计提税金明细表

2019 年 6 月 30 日

项　　目	计提基数	税　　率	税　　额
应交城市维护建设税	181 841.15	7%	12 728.88
应交教育费附加	181 841.15	3%	5 455.24
应交地方教育费附加	181 841.15	2%	3 636.82
合计			21 820.94

会计主管：赵存方　　　　制单：李梅

图表 4-100

6 月份损益类各账户本期发生额

单位：元

会计科目	本期发生额（借方）	会计科目	本期发生额（贷方）
主营业务成本	1 305 038.00	主营业务收入	1 860 000.00
其他业务成本	100.00	其他业务收入	320.00
税金及附加	21 820.94		
管理费用	110 093.50		
销售费用	129 525.00		
财务费用	860.00		
营业外支出	1 500		
合计	1 568 937.44	合计	1 860 320.00

会计主管：赵存方　　　　制单：李梅

图表 4-101

所得税计算表

2019 年 6 月 30 日

项目	本季度利润总额	所得税率	本季度预交所得税
金额	631 612.56	25%	157 903.14
合计			157 903.14

会计主管：赵存方　　　　制单：李梅

图表 4-102

科目汇总表

年　月　日　　　　　　　　　　　　单位：元

科目编码	科目名称	借方	贷方
	库存现金		
	银行存款		
	应收票据		
	应收账款		
	预付账款		
	其他应收款		
	原材料		
	库存商品		
	周转材料		
	固定资产		
	累计折旧		
	在建工程		
	工程物资		
	无形资产		
	累计摊销		
	长期待摊费用		
	短期借款		
	应付账款		
	合同负债		
	应交税费		
	应付职工薪酬		
	应付利息		
	长期借款		
	实收资本		
	资本公积		
	盈余公积		
	本年利润		
	利润分配		
	生产成本		
	主营业务收入		
	主营业务成本		

续表

科目编码	科目名称	借方	贷方
	其他业务成本		
	税金及附加		
	管理费用		
	销售费用		
	财务费用		
	营业外收入		
	营业外支出		
	所得税费用		
	合　　计		

图表 4-103

资产负债表

会企 01 表

编制单位：　　　　　　　　　　年　月　日　　　　　　　　　　单位：元

资　　产	期 末 余 额	负债及所有者权益	期 末 余 额
流动资产：		流动负债：	
货币资金		短期借款	
交易性金融资产		交易性金融负债	
衍生金融资产		衍生金融负债	
应收票据		应付票据	
应收账款		应付账款	
应收款项融资		预收款项	
预付款项		合同负债	
其他应收款		应付职工薪酬	
存货		应交税费	
合同资产		其他应付款	
持有待售资产		持有待售负债	
一年内到期的非流动资产		一年内到期的非流动负债	
其他流动资产		其他流动负债	
流动资产合计		流动负债合计	
非流动资产：		非流动负债：	
债权投资		长期借款	
其他债权投资		应付债券	
长期应收款		其中：优先股	
长期股权投资		永续债	

续表

资　　产	期 末 余 额	负债及所有者权益	期 末 余 额
其他权益工具投资		租赁负债	
其他非流动金融资产		长期应付款	
投资性房地产		预计负债	
固定资产		递延收益	
在建工程		递延所得税负债	
生产性生物资产		其他非流动负债	
油气资产		非流动负债合计	
使用权资产		负债合计	
无形资产		所有者权益(或股东权益)：	
开发支出		实收资本（或股本）	
商誉		其他权益工具	
长期待摊费用		其中：优先股	
递延所得税资产		永续债	
其他非流动资产		资本公积	
非流动资产合计		减：库存股	
		其他综合收益	
		专项储备	
		盈余公积	
		未分配利润	
		所有者权益（或股东权益）合计	
资产总计		负债和所有者权益（或股东权益）总计	

图表 4-104

利润表

会企02 表

编制单位：　　　　　　　　　　　年　月　　　　　　　　　　　单位：元

项　　目	本年累计金额
一、营业收入	
减：营业成本	
税金及附加	
销售费用	
管理费用	
研发费用	
财务费用	
其中：利息费用	
利息收入	

续表

项　　目	本年累计金额
加：其他收益	
投资收益(损失以“-”号填列)	
其中：对联营企业和合营企业的投资收益	
以摊余成本计量的金融资产终止确认收益（损失以“-”号填列）	
净敞口套期收益（损失以“-”号填列）	
公允价值变动收益（损失以“-”号填列）	
信用减值损失（损失以“-”号填列）	
资产减值损失（损失以“-”号填列）	
资产处置收益（损失以“-”号填列）	
二、营业利润(亏损以“-”号填列)	
加：营业外收入	
减：营业外支出	
三、利润总额(亏损总额以“-”号填列)	
减：所得税费用	
四、净利润(净亏损以“-”号填列)	
（一）持续经营净利润（净亏损以“-”号填列）	
（二）终止经营净利润（净亏损以“-”号填列）	
五、其他综合收益税后净额	
（一）不能重分类进损益的其他综合收益	
1．重新计量设定受益计划变动额	
2．权益法下不能转损益的其他综合收益	
3．其他权益工具投资公允价值变动	
4．企业自身信用风险公允价值变动	
……	
（二）将重分类进损益的其他综合收益	
1．权益法下可转损益的其他综合收益	
2．其他债权投资公允价值变动	
3．金融资产重分类计入其他综合收益的金额	
4．其他债权投资信用减值准备	
5．现金流量套期储备	
6．外币财务报表折算差额	
……	
六、综合收益总额	
七、每股收益：	
（一）基本每股收益	
（二）稀释每股收益	

图表 4-105

现金流量表

会企03表

编制单位：　　　　　　　　　　　年　月　　　　　　　　　　　单位：元

项　目	本期金额	上期金额
一、经营活动产生的现金流量		
销售商品、提供劳务收到的现金		
收到的税费返还		
收到其他与经营活动有关的现金		
经营活动现金流入小计		
购买商品、接受劳务支付的现金		
支付给职工以及为职工支付的现金		
支付的各项税费		
支付其他与经营活动有关的现金		
经营活动现金流出小计		
经营活动产生的现金流量净额		
二、投资活动产生的现金流量		
收回投资收到的现金		
取得投资收益收到的现金		
处置固定资产、无形资产和其他长期资产收回的现金净额		
处置子公司及其他营业单位收到的现金净额		
收到其他与投资活动有关的现金		
投资活动现金流入小计		
购建固定资产、无形资产和其他长期资产支付的现金		
投资支付的现金		
取得子公司及其他营业单位支付的现金净额		
支付其他与投资活动有关的现金		
投资活动现金流出小计		
投资活动产生的现金流量净额		
三、筹资活动产生的现金流量		
吸收投资收到的现金		
取得借款收到的现金		
收到其他与筹资活动有关的现金		
筹资活动现金流入小计		
偿还债务支付的现金		
分配股利、利润或偿付利息支付的现金		
支付其他与筹资活动有关的现金		
筹资活动现金流出小计		
筹资活动产生的现金流量净额		
四、汇率变动对现金及现金等价物的影响		
五、现金及现金等价物净增加额		
加：期初现金及现金等价物余额		
六、期末现金及现金等价物余额		

活动 3　知识拓展——学习会计凭证的装订

【情景导入】

一个月很快就过去了，在这个月里，刘源将以前在书本中学到的理论知识和实务操作知识相互结合、融会贯通，各方面的工作能力都有了提升。现在，刘源将在师傅的指导下对 6 月份的会计凭证进行装订。你也试着做一下吧。

专业知识链接

会计凭证装订的要领如下。

1. 凭证的整理

会计凭证登记完毕后，应将记账凭证连同所附的原始凭证或原始凭证汇总表按照编号顺序折叠整齐，准备装订。会计凭证在装订之前，必须进行适当的整理，以便于装订。

会计凭证的整理主要是对记账凭证所附的原始凭证进行整理。会计实务中收到的原始凭证纸张往往大小不一，因此需要按照记账凭证的大小进行折叠或粘贴。具体方法如下：

（1）对面积大于记账凭证的原始凭证采用折叠的方法，按照记账凭证的面积尺寸，将原始凭证先自右向左，再自下向上两次折叠。折叠时应注意将凭证的左上角或左侧面空出，以便于装订后的展开查阅。

（2）对于纸张面积过小的原始凭证，则采用粘贴的方法，即按一定次序和类别将原始凭证粘贴在一张与记账凭证大小相同的白纸上。粘贴时要注意，应尽量将同类同金额的单据粘在一起；如果是板状票证，可以将票面票底轻轻撕开，厚纸板弃之不用。粘贴完成后，应在白纸一旁注明原始凭证的张数和合计金额。

（3）对于纸张面积略小于记账凭证的原始凭证，则可以用回形针或大头针别在记账凭证后面，待装订凭证时，抽去回形针或大头针。

（4）对于数量过多的原始凭证，如工资结算表、领料单等，可以单独装订保管，但应在封面上注明原始凭证的张数、金额，所属记账凭证的日期、编号、种类。封面应一式两份，一份作为原始凭证装订成册的封面，封面上注明“附件”字样，另一份附在记账凭证的后面，同时在记账凭证上注明“附件另订”，以备查考。

（5）此外，各种经济合同、存出保证金收据及文件等重要原始凭证，应当另编目录，单独登记保管，并在有关的记账凭证和原始凭证上相互注明日期和编号。

2．凭证的装订

凭证装订是指将整理完毕的会计凭证加上封面和封底装订成册，并在装订线上加贴封签的一系列工作。

会计凭证不得跨月装订。记账凭证少的，可以一个月装订一本；一个月内凭证数量较多的，可装订成若干册，并在凭证封面上注明本月总计册数和本册数。采用科目汇总表会计核算形式的企业，原则上以一张科目汇总表及所附的记账凭证、原始凭证装订成一册，凭证少的，也可将若干张科目汇总表及相关记账凭证、原始凭证合并装订成一册，序号每月一编。装订好的会计凭证厚度通常为1.5厘米。

装订成册的会计凭证必须加盖封面，封面上应注明单位名称、年度、月份和起讫日期、凭证种类、起讫号码，由装订人在装订线封签外签名或盖章。会计凭证封面由公司按照统一格式印制。

会计凭证的装订程序如下：

（1）整理记账凭证，摘掉凭证上的大头针等，并将记账凭证按编号顺序码放。

（2）将记账凭证汇总表、银行存款余额调节表放在最前面，并放上封面、封底。

（3）在码放整齐的记账凭证左上角放一张8×8厘米大小的包角纸。包角纸要厚一点，其左边和上边与记账凭证取齐。

（4）过包角纸上沿距左边5厘米处和左沿距上边4厘米处包角纸上划一条直线，并用两点将此直线等分，在等分直线的两点处将包角纸和记账凭证打上两个装订孔。

（5）用绳沿虚线方向穿绕扎紧（结扎在背面），如图表4-106所示。

图表4-106

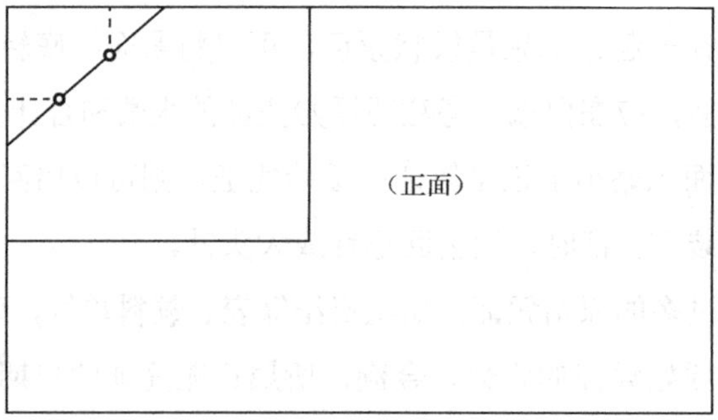

（6）从正面折叠包角纸，并将画斜线部分剪掉，如图表4-107所示。

图表 4-107

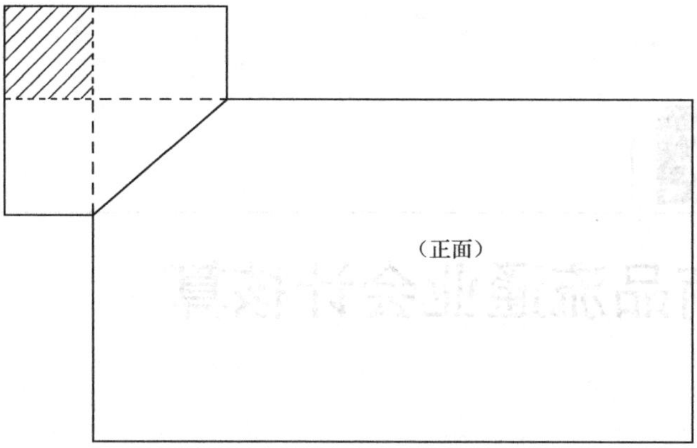

（7）将包角纸向后折叠粘贴成图表 4-108 所示形状。

图表 4-108

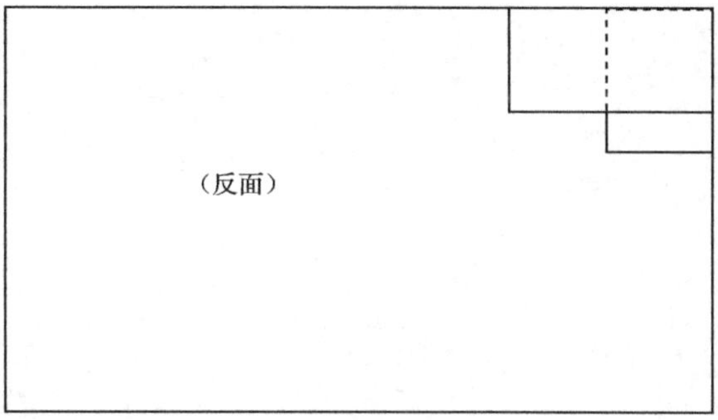

（8）将装订线印章盖于骑缝处，并注明年、月、日和册数的编号。

任务5

商品流通业会计核算

活动 1　商品流通企业的基本概况

【情景导入】

小欣是一名半道出家的会计新人。最近，小欣通过应聘成了一家商品流通企业的财务人员。小欣新入职的单位是北京市圣盈商贸公司，新的行业、新的工作环境让刚刚入职的小欣心里多少有点忐忑。为尽早适应新的工作岗位，小欣收集了新单位的相关资料进行学习。我们一起来了解一下该单位的一些基本情况吧。

1. 基本概况

北京市圣盈商贸公司基本概况如图表 5-1 所示。

图表 5-1

北京市圣盈商贸公司基本概况

企业名称	北京市圣盈商贸公司	法人代表	王大志
注册地址	北京市丰台区小屯路 198 号	联系电话	010-81305645
纳税人识别号	91110105657325413P	注册资本	110 万元
开户银行	招商银行北京大成路支行	银行账号	020019791518156
企业类型	有限责任公司（商业企业一般纳税人）	经营范围	各种户外用品的零售与批发等

2. 基础资料

（1）组织结构图如图表 5-2 所示。

图表 5-2

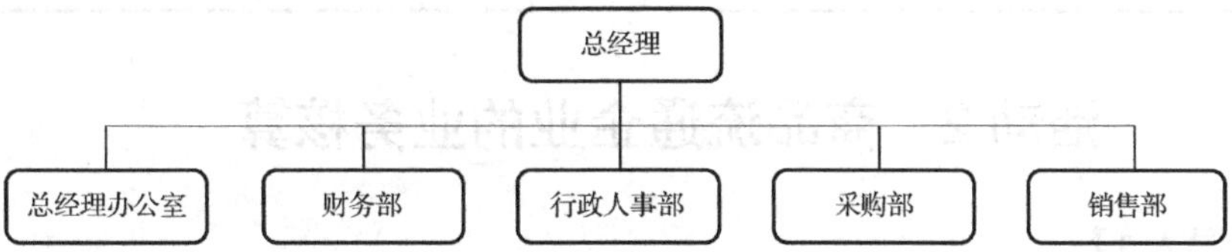

（2）公司会计政策与会计核算方法如图表 5-3 所示。

图表 5-3

公司会计政策与会计核算方法

固定资产的折旧方法	年限平均法
无形资产的摊销方法	年限平均法
备用金的核算方法	备用金定额为 5 000 元，由专人负责保管
低值易耗品的摊销方法	一次摊销法
存货发出计价方法	全月一次加权平均法

（3）税费计提比例表如图表 5-4 所示。

图表 5-4

税费计提比例表

税　种	税　率	税　种	税　率
增值税	13%	教育费附加	3%
城市维护建设税	7%	地方教育费附加	2%
个人所得税	起征点 5 000.00，适用七级超额累进税率	企业所得税	25%

（4）社保及住房公积金计提比例表如图表 5-5 所示。

图表 5-5

社保及住房公积金计提比例表

项　目	公司负担部分	个人负担部分	项　目	公司负担部分	个人负担部分
养老保险费	20%	8%	工伤保险费	0.5%	—
医疗保险费	10%	2%+3	生育保险费	0.8%	—
失业保险费	1%	0.2%	住房公积金	10%	10%

（5）利润分配比例表如图表 5-6 所示。

图表 5-6

利润分配比例表

项　目	分配比例
法定盈余公积	净利润 10%
任意盈余公积	净利润 5%
应付股利金额	股东会决议

活动 2　商品流通企业的业务核算

【情景导入 1】

在老员工蔡老师的悉心帮助下，小欣很快就走出了刚入职时的“懵懂”状态，对公司各方面都有了初步的了解，各方面的工作也已逐渐上手了。紧接着，蔡老师又对小欣提出了新的要求，小欣将协助蔡老师处理该公司 2019 年 9 月的相关会计业务核算。小欣既紧张又兴奋，她首先要做的就是从蔡老师那里先拿到该企业 2019 年 9 月月初的相关数据进行熟悉。我们也一起来了解一下吧。

（1）2019 年 9 月月初各总账余额表如图表 5-7 所示。

图表 5-7

总账余额表

2019 年 9 月　　单位：元

会计科目	借或贷	借方余额	会计科目	借或贷	贷方余额
库存现金	借	4 410.40	应付账款	贷	85 000.00
银行存款	借	674 200.00	应付职工薪酬	贷	77 161.50
应收票据	借	26 800.00	应交税费	贷	11 332.00
应收账款	借	33 400.00	长期借款	贷	60 000.00
库存商品	借	344 000.00	实收资本	贷	1 100 000.00
周转材料	借	11 500.00	资本公积	贷	10 000.00
固定资产	借	716 500.00	盈余公积	贷	71 200.00
累计折旧	贷	80 552.96	本年利润	贷	173 533.94
			利润分配	贷	142 030.00
合计		1 730 257.44	合计		1 730 257.44

（2）应收票据为北京市华日公司商业承兑汇票 26 800.00 元。

（3）应收账款明细账余额表如图表 5-8 所示。

图表 5-8

应收账款明细账余额表

名　　称	借或贷	金额（元）
北京市南城户外用品销售公司	借	30 000.00
北京市立邦商城	借	3 400.00

（4）周转材料明细账余额表如图表 5-9 所示。

图表 5-9

周转材料明细账余额表

名　　称	数量（个）	单价（元）	金额（元）
纸箱	1 000	2.50	2 500.00
木箱	300	30.00	9 000.00
总计	1 300	32.50	11 500.00

（5）库存商品明细账余额表如图表 5-10 所示。

图表 5-10

库存商品明细账余额表

柜 组	商品名称	单位	数量	单位进价（元）	金额（元）
户外服装类	冲锋衣	件	600	150.00	90 000.00
	抓绒衣	件	300	120.00	36 000.00
鞋帽类	男士登山鞋	双	120	500.00	60 000.00
	女士登山鞋	双	180	400.00	72 000.00
附加类	睡袋	个	500	100.00	50 000.00
	背包	个	100	60.00	6 000.00
	垫子	个	200	150.00	30 000.00
合计					344 000.00

（6）固定资产明细账余额表如图表 5-11 所示。

图表 5-11

固定资产明细账余额表

单位：元

使用部门	设备名称	原始价值	已提折旧额	净 值
销售部门	房屋建筑	232 500.00	44 160.00	188 340.00
	运输工具	220 000.00	13 062.48	206 937.52
	其他设备	14 000.00	5 320.08	8 679.92
	小计	466 500.00	62 542.56	403 957.44
管理部门	房屋建筑	140 000.00	11 043.72	128 956.28
	办公设备	110 000.00	6 966.68	103 033.32
	小计	250 000.00	18 010.40	231 989.60
合 计		716 500.00	80 552.96	635 947.04

（7）应付账款——杉日公司贷方余额为 85 000.00 元。

（8）应付职工薪酬明细账余额表如图表 5-12 所示。

图表 5-12

应付职工薪酬明细账余额表

名 称	借 或 贷	金额（元）
工资	贷	55 800.00
社会保险	贷	16 311.50
住房公积金	贷	5 050.00

（9）应交税费明细账期初余额表如图表 5-13 所示。

图表 5-13

应交税费明细账期初余额表

名　　称	借 或 贷	金额（元）
未交增值税	贷	9 800.00
城市维护建设税	贷	686.00
教育费附加	贷	294.00
地方教育费附加	贷	196.00
应交个人所得税	贷	356.00
合计		11 332.00

（10）长期借款贷方余额为 60 000.00 元。

（11）实收资本明细账余额表如图表 5-14 所示。

图表 5-14

实收资本明细账余额表

名　　称	金额（元）
东方投资公司	300 000.00
圣盈投资公司	800 000.00
合计	1 100 000.00

（12）本年利润在 7、8 月份的发生额合计为 95 270.86 元（贷方）。

（13）盈余公积明细账余额表如图表 5-15 所示。

图表 5-15

盈余公积明细账余额表

名　　称	借 或 贷	金额（元）
法定盈余公积金	贷	47 466.67
任意盈余公积金	贷	23 733.33
合计		71 200.00

（14）其他科目无余额。

【情景导入 2】

按照蔡老师的计划，小欣在熟悉了该企业 2019 年 9 月月初的相关数据后，将逐步接触下列工作内容。

1. 会计凭证

（1）整理或填制有关经济业务的原始凭证。

（2）分类编制记账凭证，并将原始凭证附于有关的记账凭证之后。

2. 会计账簿

（1）根据审核无误的记账凭证中涉及库存现金、银行存款的记录，登记现金日记账、银行存款日记账。

（2）根据原始凭证、汇总原始凭证和记账凭证登记各种明细分类账。

（3）根据记账凭证编制科目汇总表。

（4）根据科目汇总表登记总分类账。

（5）在本月全部经济业务登记入账的基础上核对发生额、余额是否平衡，以检查账簿记录的正确性。

（6）将总分类账与日记账、总分类账与明细分类账分别核对。

对于上述工作内容，小欣在参加会计培训辅导班时都曾学习过，但是这次是真刀实枪地动手做，因此在这一过程中难免出现各种问题，蔡老师都一一指出来了，小欣也及时进行了纠正，业务能力有了很大的提升。你也试着做一做吧。

北京市圣盈商贸公司在 2018 年 9 月份的经济业务及相关原始凭证如下：

【实训 1】 9 月 2 日，经审批后，出纳开出一张现金支票，从银行提取现金 5 000 元备用，如图表 5-16 所示。

【实训 2】 9 月 2 日，销售部门张丽英出差借差旅费 4 000 元，如图表 5-17 所示。

【实训 3】 9 月 3 日，从富丽鞋帽厂购进 50 双男士登山鞋，含税单价 678 元；20 双女士登山鞋，含税单价 565 元，商品已验收入库，出纳通过网上银行支付货款，如图表 5-18～图表 5-21 所示。

【实训 4】 9 月 4 日，销售部门领用 200 个纸箱，单价 2.5 元，如图表 5-22 所示。

【实训 5】 9 月 6 日，从北京市胜利商贸公司购入 200 件冲锋衣，发票注明金额 26 000 元，税额 3 380 元；300 件抓绒衣，发票注明金额 33 000 元，税额 4 290 元，款项尚未支付，如图表 5-23、图表 5-24 所示。

【实训 6】 9 月 7 日，通过网上银行支付杉日公司货款 85 000.00 元，如图表 5-25 所示。

【实训 7】 9 月 10 日，本月网上申报的税金已划账。缴纳上月应交增值税 9 800 元，如图表 5-26、图表 5-27 所示。

【实训 8】 9 月 10 日，缴纳上月地方教育费附加 196 元、城市维护建设税 686 元、教育费附加 294 元、个人所得税 356 元，如图表 5-28、图表 5-29 所示。

【实训 9】 9 月 11 日，根据经审批的“工资发放汇总表”发放 8 月份工资，如

图表 5-30、图表 5-31 所示。

【实训 10】 9 月 11 日，缴纳上月员工住房公积金，如图表 5-32 所示。

【实训 11】 9 月 11 日，缴纳上月员工社会保险，如图表 5-33、图表 5-34 所示。

【实训 12】 9 月 12 日，缴纳本月水电费 1 200 元，如图表 5-35、图表 5-36 所示。

【实训 13】 9 月 12 日，预付北京金泰大厦物业 3 个月的房租及物业费，如图表 5-37、图表 5-38 所示。

【实训 14】 9 月 14 日，财务部收到销售部转来的销售资料与销售合同，财务确认已经完成发货无误，开具发票，发票注明：男士登山鞋 50 双，每双售价（含增值税）1 017 元；女士登山鞋 10 双，每双售价（含增值税）904 元，如图表 5-39、图表 5-40 所示。

【实训 15】 9 月 14 日，销售部门张丽英报销差旅费 3 800 元，余款 200 元归还现金，如图表 5-41、图表 5-42 所示。

【实训 16】 9 月 14 日，销售部门办公需要领用 20 个木箱，单价 30 元；50 个纸箱，单价 2.5 元，如图表 5-43 所示。

【实训 17】 9 月 14 日，收到北京市立邦商城原欠款 3 400 元，如图表 5-44 所示。

【实训 18】 9 月 14 日，通过京东销售 2 双男士登山鞋、2 双女士登山鞋，如图表 5-45、图表 5-46 所示。

【实训 19】 9 月 14 日，通过京东销售 2 件冲锋衣、2 件抓绒衣，如图表 5-47、图表 5-48 所示。

【实训 20】 9 月 14 日，通过京东向北京市城瑞商贸公司销售一批户外用品，如图表 5-49～图表 5-51 所示。

【实训 21】 9 月 17 日，摊销本月房租及物业费，如图表 5-52 所示。

【实训 22】 9 月 19 日，支付京东服务费 6 000 元，保证金 30 000 元，如图表 5-53、图表 5-54 所示。

【实训 23】 9 月 20 日，通过京东向北京保润户外用品公司销售一批户外用品，如图表 5-55～图表 5-57 所示。

【实训 24】 9 月 24 日，收到京东结算款，如图表 5-58 所示。

【实训 25】 9 月 28 日，计提本月借款利息 300 元，如图表 5-59 所示。

【实训 26】 9 月 28 日，分配结转本月工资费用，如图表 5-60、图表 5-61 所示。

【实训 27】 9 月 28 日，分配本月企业负担的社会保险费和住房公积金，如图

表 5-62 所示。

【实训 28】 9 月 30 日，计提本月固定资产折旧，如图表 5-63 所示。

【实训 29】 9 月 30 日，结转已销商品成本，如图表 5-64 所示。

【实训 30】 9 月 30 日，结转本月未交增值税。

【实训 31】 9 月 30 日，计提城市维护建设税 7%、教育费附加 3%、地方教育费附加 2%，如图表 5-65 所示。

【实训 32】 9 月 30 日，结转损益类账户，如图表 5-66 所示。

【实训 33】 9 月 30 日，计提并结转所得税，如图表 5-67 所示。

【实训 34】 9 月 30 日，编制本月科目汇总表、资产负债表、利润表和现金流量表，如图表 5-68～图表 5-71 所示。

图表 5-16

招商银行
现金支票存根
30801129
96180032

附加信息

出票日期：2019 年 9 月 02 日
收款人：北京市圣盈商贸公司

金额：¥5 000.00
用途：备用金

单位主管：　　会计：

招商银行 现金支票　　30801129 96180032

出票日期（大写）贰零壹玖 年零玖月零贰日　付款行名称：招商银行北京大成路支行
收款人：北京市圣盈商贸公司　出票人账号：020019791518156

付款期限自出票之日十天

人民币（大写）	伍仟元整	亿	千	百	十	万	千	百	十	元	角	分
						¥	5	0	0	0	0	0

用途：备用金　密码：308100005223
行号：

上列款项请从
我账户支付
出票人签章

[印章：北京市圣盈商贸公司 财务专用章]　[印章：王大志印]

复核　记账

图表 5-17

借　款　单

部门：销售部　借款日期：9 月 2 日

借款人：张丽英	申请金额：¥4 000.00	项目名称：大连项目
借款事由：1. 与客户洽谈合同事宜　2.		
结算方式：现金		
备注:	[印章：现金付讫]	
领导批示：王大志	部门主管：刘丽	财务主管：赵存方

会计：张亮　出纳：高林　领款人：张丽英

图表 5-18

付款申请单

部门：采购部　申请日期：2019 年 9 月 3 日

收款单位	富丽鞋帽厂	合同号	Dsx01	
开户银行	招商银行北京亦庄支行	合同总金额	45 200.00	
开户账号	020019791518158	累计支付金额	45 200.00	
付款项目摘要		付款金额	付款方式	备注
男士登山鞋 50 双		33 900.00	■电汇 ☐支票 ☐现金 ☐承兑 ☐其他	
女士登山鞋 20 双		11 300.00		
合计	[印章：现金付讫]	45 200.00		
合计金额	肆万伍仟贰佰元整			

领导批示：王大志　财务负责人：赵存方　部门负责人：王莲花　经办人：肖瑞

图表 5-19

收料单

供货单位：富丽鞋帽厂　　　　2019 年 9 月 3 日　　　　类别：鞋帽类

商品编号	名称	规格	单位	数量	价格（元）		
					单价（元）	金额（元）	其中：运杂费
01	男士登山鞋	标准	双	50	600.00	30 000.00	
02	女士登山鞋	标准	双	20	500.00	10 000.00	
合计				70		40 000.00	

制单：马克　　　　验收：刘莉　　　　主管：王甜甜

图表 5-20

1100143220　　　　北京增值税专用发票　　　　No 00275241　1100143220
0275241

北京市 发票联

开票日期：2019 年 9 月 3 日

购货单位		密码区	
名　　称：北京市金盈商贸公司			
纳税人识别号：91110105657325413P			
地址、电话：北京市丰台区小屯路 198 号　010-81305645			
开户行及账户：招商银行北京大成路支行 020019791518156			

货物或应税劳务名称	规格型号	单位	数量	单价	金额	税率	税额
男士登山鞋		双	50	600	30 000	13%	3 900.00
女士登山鞋		双	20	500	10 000	13%	1 300..00
合计					¥40 000.		¥5 200.00
价税合计（大写）	⊗肆万伍仟贰佰元整		（小写）¥45 200.00				

销货单位		备注
名　　称：富丽鞋帽厂		北京富丽鞋帽厂 91110108687607006P 发票专用章
纳税人识别号：91110108687607006P		
地址、电话：北京市大兴区政府路 111 号　64523156		
开户行及账户：招商银行北京亦庄支行 020019791518158		

第三联：发票联 购买方记账凭证

收款人：王磊　　复核：张胡安　　开票人：李思　　销售方：（章）

图表 5-21

付 款 回 单　　　　招商银行

日期：2019年9月3日
付款账号：020019791518156
户名：北京市金盈商贸公司
开户行：招商银行北京大成路支行
金额（大写）：肆万伍仟贰佰元整
　　（小写）：¥45 200.00
收款人户名：富丽鞋帽厂
收款人账号：020019791518158
收款人开户行：招商银行北京亦庄支行

摘要：货款

提示：1. 电子回单验证码相同表示同一笔业务回单，请勿重复记账使用。
2. 已在银行柜台领用业务回单的单位，请注意核对，勿重复记账使用。

招商银行股份有限公司
电子回单专用章

图表 5-22

领　料　单

2019年 9 月 4 日

领料单位		销售部—户外服装类			用途	包装商品	
编号	材料名称	规格	验收数量	实收数量	单位	单价	成本总额
1	纸箱		200	200	个	2.5	500.00
合计			200	200			500.00

制单：马克　　　　复核：刘莉　　　　主管：王甜甜

图表 5-23

1100143220　　**北京增值税专用发票**　　No 00275241　1100143220 0275242

发票联　　开票日期：2019 年 9 月 6 日

购货单位	名称：北京市金盈商贸公司 纳税人识别号：91110105657325413P 地址、电话：北京市丰台区小屯路 198 号 010-81305645 开户行及账户：招商银行北京大成路支行 020019791518156				密码区		
货物或应税劳务名称	规格型号	单位	数量	单价	金额	税率	税额
冲锋衣		件	200	130	26 000.00	13%	3 380.00
抓绒衣		件	300	110	33 000.00	13%	4 290.00
合计					¥59 000.00		¥7 670.00
价税合计（大写）	⊗陆万陆仟陆佰柒拾元整　（小写）¥66 670.00						
销货单位	名称：北京市胜利商贸公司 纳税人识别号：91110105667695144P 地址、电话：北京市大兴区前进路 95 号 64523155 开户行及账户：工商银行城南分理处 020019791517825				备注	北京市胜利商贸公司 91110105667695144P 发票专用章	

第三联：发票联 购买方记账凭证

收款人：李梦　复核：张大喜　开票人：李梦　销售方：（章）

图表 5-24

收　料　单

供货单位：北京市胜利商贸公司　2019 年 9 月 6 日　类别：户外服装类

商品编号	名称	规格	单位	数量（双）	价格（元）		
					单价（元）	金额（元）	其中：运杂费
01	冲锋衣		件	200	130.00	26 000.00	
02	抓绒衣		件	300	110.00	33 000.00	
合计						59 000.00	

制单：马克　验收：刘莉　主管：王甜甜　记账：

图表 5-25

付款回单　　招商银行

日期：2019年9月7日
付款账号：020019791518156
户名：北京市壹盈商贸公司
开户行：招商银行北京大成路支行
金额（大写）：捌万伍仟元整
（小写）：¥85 000.00
收款人户名：杉日公司
收款人账号：020019791517827
收款人开户行：工商银行方庄分理处

摘要：货款

提示：1. 电子回单验证码相同表示同一笔业务回单，请勿重复记账使用。
2. 已在银行柜台领用业务回单的单位，请注意核对，勿重复记账使用。

招商银行股份有限公司
电子回单专用章

图表 5-26

付款回单　　招商银行

日期：2019年9月10日　　业务类型：中间业务平台交易
付款账号：020019791518156
户名：北京市壹盈商贸公司
开户行：招商银行北京大成路支行
金额（大写）：玖仟捌佰元整
（小写）：¥9 800.0
摘要：税款
商户名称：国库信息系统
交易批次号：20190905

提示：1. 电子回单验证码相同表示同一笔业务回单，请勿重复记账使用。
2. 已在银行柜台领用业务回单的单位，请注意核对，勿重复记账使用。

招商银行股份有限公司
电子回单专用章

图表 5-27

招商银行　电子缴税付款凭证

纳税人全称及识别号：北京市圣盈商贸公司　　91110105657325413P

付款人全称：北京市圣盈商贸公司
付款人账号：020019791518156
付款人开户银行：招商银行北京大成路支行
小写（合计）：¥9 800.00
大写（合计）：玖仟捌佰元整
税（费）种名称：增值税

征收相关机构：北京市丰台区国家税务局
收款国库（银行）名称：北京市丰台区支库
流水号：2018090552869719
税票号码：11016141118147394
实缴金额：¥9 800.00

所属日期 20190801—20190831

招商银行股份有限公司北京大成路支行
2019.09.10
业务专用章（1）

图表 5-28

付款回单　　招商银行

日期：2019年9月10日　　业务类型：商务支付业务　　流水号：GS25M2587DK25C33
付款账号：020019791518156
户名：北京市圣盈商贸公司
开户行：招商银行北京大成路支行
金额（大写）：壹仟伍佰叁拾贰元整
（小写）：¥1 532.00
收款人户名：待结算财政款项—待报解预算收入专户（TIPS）
收款人账号：91059720690004010
收款人开户行：招商银行北京分行运营管理部
摘要：上缴上月城市维护建设税、教育费附加、
地方教育费附加、个人所得税。

回单编号：00101768271568　回单验证码：GE5P-CBA5—E6B5-D36P
提示：1. 电子回单验证码相同表示同一笔业务回单，请勿重复记账使用。
2. 已在银行柜台领用业务回单的单位，请注意核对，勿重复记账使用。

：

招商银行股份有限公司
电子回单专用章

图表 5-29

招商银行　　电子缴税付款凭

付款人全称：北京壹盈商贸公司　　91110105657325413P

付款人账号：020019791518156

付款人开户银行：招商银行北京大成路支行

小写（合计）：¥1 532.00

大写（合计）：壹仟伍佰叁拾贰元整

税（费）种名称

城市维护建设税、教育费附加、

地方教育费附加、个人所得税

征收相关机构：北京市丰台区地方税务局

征收国库（银行）名称：国家金库北京市丰台区支库

流水号：2018090552869720

税票号码：11016141118147395

实缴金额：¥1 532.00

所属日期 20190801—20190831

招商银行股份有限公司北京大成路支行　2019.09.10　业务专用章（1）

图表 5-30

工资发放汇总表（8 月份工资表）

编制单位：北京市壹盈商贸公司　　日期：2019 年 9 月 11 日　　单位：元

序号	职员编码	姓名	所属部门	费用归属	应付工资总额	个人保险、住房公积金	个人所得税	实发工资
1	101	王大志	总经理办公室	管理费用	6 500.00	1 215.00	73.50	5 211.50
2	201	赵存方	财务部	管理费用	5 500.00	1 013.00	29.61	4 457.39
3	202	张亮	财务部	管理费用	3 700.00	710.00	0	2 990.00
4	203	高林	财务部	管理费用	3 600.00	609.00	0	2 991.00
5	301	王甜甜	行政人事部	管理费用	5 300.00	1 013.00	23.61	4 263.39
6	302	马克	行政人事部	管理费用	3 200.00	609.00.	0	2 591.00
7	303	刘丽	行政人事部	管理费用	3 100.00	609.00	0	2 491.00
8	401	王莲花	采购部	管理费用	5 900.00	1 013.00	41.61	4 845.39
9	402	肖瑞	采购部	管理费用	3 100.00	609.00	0	2 491.00
10	403	李梅	采购部	管理费用	3 400.00	609.00	0	2 791.00
11	501	王天一	销售部	销售费用	6 300.00	1 013.00	73.70	5 213.30
12	502	张丽英	销售部	销售费用	3 100.00	609.00	0	2 491.00
13	503	蒋富岭	销售部	销售费用	3 100.00	609.00	0	2 491.00
合计					55 800.00	10 240.00	242.03	45 317.97

会计主管：赵存方　　制单：刘丽

图表 5-31

付 款 回 单　　　　招商银行

日期：2019年9月11日　　业务类型：企业银行代发工资
付款账号：020019791518156
户名：北京市鑫盈商贸公司
开户行：招商银行北京大成路支行
金额（大写）：肆万伍仟叁佰壹拾柒元玖角柒分
（小写）：¥45 317.97
摘要：发放8月份工资

提示：1. 电子回单验证码相同表示同一笔业务回单，请勿重复记账使用。
2. 已在银行柜台领用业务回单的单位，请注意核对，勿重复记账使用。

招商银行股份有限公司
电子回单专用章

图表 5-32

付 款 回 单　　　　招商银行

日期：2019年9月11日　　业务类型：住房公积金托收业务
付款账号：020019791518156　　收款人全称：北京市丰台区公积金管理中心
户名：北京市鑫盈商贸公司
开户行：招商银行北京大成路支行
金额（大写）：壹万零壹佰元整
（小写）：¥10 100.00
日期：2019年8月

摘要：住房公积金
经办：G76958

提示：1. 电子回单验证码相同表示同一笔业务回单，请勿重复记账使用。
2. 已在银行柜台领用业务回单的单位，请注意核对，勿重复记账使用。

招商银行股份有限公司
电子回单专用章

图表 5-33

付 款 回 单　　　　招商银行

日期：2019年9月11日　　业务类型：社保托收业务

付款账号：020019791518156　　收款人全称：北京市丰台区社会保险管理中心

户名：北京市壹盈商贸公司

开户行：招商银行北京大成路支行

金额（大写）：贰万壹仟伍佰零壹元伍角零分

（小写）：¥21 501.50

日期：2019年8月

社保证号：91110105657325413P　　五险+月报

日期：2019年8月

养老：14 140.00

医疗：6 099.00

失业：606.00

生育：404.00

工伤：252.50

招商银行股份有限公司
电子回单专用章

图表 5-34

8 月份公司承担社保、公积金计提表

编制单位：北京市壹盈商贸公司　　日期：2019 年 9 月 10 日　　单位：元

编码	姓名	所属部门	社保基数	养老保险	医疗保险	失业保险	工伤保险	生育保险	社保合计	住房公积金
101	王大志	总经办	6 000.00	1 200.00	600.00	60.00	30.00	48.00	1 938.00	600.00
201	赵府方	财务部	5 000.00	1 000.00	500.00	50.00	25.00	40.00	1 615.00	500.00
202	张亮	财务部	3 500.00	700.00	350.00	35.00	17.50	28.00	1 130.50	350.00
203	高林	财务部	3 000.00	600.00	300.00	30.00	15.00	24.00	969.00	300.00
301	王甜甜	行政人事部	5 000.00	1 000.00	500.00	50.00	25.00	40.00	1 615.00	500.00
302	马克	行政人事部	3 000.00	600.00	300.00	30.00	15.00	24.00	969.00	300.00
303	刘丽	行政人事部	3 000.00	600.00	300.00	30.00	15.00	24.00	969.00	300.00
401	王莲花	采购部	5 000.00	1.000.00	500.00	50.00	25.00	40.00	1 615.00	500.00
402	肖瑞	采购部	3 000.00	600.00	300.00	30.00	15.00	24.00	969.00	300.00
403	李梅	采购部	3 000.00	600.00	300.00	30.00	15.00	24.00	969.00	300.00
501	王天一	销售部	5 000.00	1 000.00	500.00	50.00	25.00	40.00	1 615.00	500.00
502	张丽英	销售部	3 000.00	600.00	300.00	30.00	15.00	24.00	969.00	300.00
503	蒋雷岭	销售部	3 000.00	600.00	300.00	30.00	15.00	24.00	969.00	300.00
合计				10 100.00	5 050.00	505.00	252.50	404.00	1 6311.50	5 050.00

会计主管：赵府方　　制单：李梅

图表 5-35

付 款 回 单　　　　招商银行

日期：2019年9月12日
付款账号：020019791518156
户名：北京市壹盈商贸公司
开户行：招商银行北京大成路支行
金额（大写）：壹仟贰佰元整
（小写）：¥1 200.00
收款人户名：北京金泰大厦物业
收款人账号：020041819114104
收款人开户行：招商银行北京大成路支行

摘要：水费、电费

提示：1．电子回单验证码相同表示同一笔业务回单，请勿重复记账使用。
2．已在银行柜台领用业务回单的单位，请注意核对，勿重复记账使用。

招商银行股份有限公司
电子回单专用章

图表 5-36

1100143220　　北京增值税普通发票　　No 00275241　1100143220
0275243

发 票 联　　开票日期：2019 年 9 月 12 日

购货单位	名　　称：北京市壹盈商贸公司 纳税人识别号：91110105657325413P 地址 、 电话：北京丰台区小屯路 198 号 010-81305645 开户行及账户：招商银行北京大成路支行 020019791518156					密码区	
货物或应税劳务名称	规格型号	单位	数量	单价	金额	税率	税额
水费					970.87	3%	29.13
电费					176.99	13%	23.01
合计					¥1 147.86		¥52.14
价税合计（大写）	ⓧ壹仟贰佰元整　　（小写）¥1 200.00						
销货单位	名　　称：北京金泰大厦物业 纳税人识别号：91110109607652199P 地址 、 电话：北京市丰台区万寿路 30 号　64287964 开户行及账户：招商银行北京大成路支行　020041819114104					备注	北京金泰大厦物业 91110109607652199P 发票专用章

第二联：发票联　购买方记账凭证

收款人：张世洁　　复核：王美　　开票人：张世洁　　销售方：（章）

图表 5-37

付 款 回 单　　　　招商银行

日期：2019年9月12日
付款账号：020019791518156
户名：北京市圣盈商贸公司
开户行：招商银行北京大成路支行
金额（大写）：伍万叁仟捌佰贰拾元整
　　（小写）：¥53 820.00
收款人户名：北京金泰大厦物业
收款人账号：020041819114104
收款人开户行：招商银行北京大成路支行

摘要：房租及物业费

提示：1. 电子回单验证码相同表示同一笔业务回单，请勿重复记账使用。
2. 已在银行柜台领用业务回单的单位，请注意核对，勿重复记账使用。

招商银行股份有限公司
电子回单专用章

图表 5-38

1100143220　　北京增值税专用发票　　No 00275241　1100143220
0275244

发票联　　开票日期：2019年9月12日

购货单位	名　称：北京市圣盈商贸公司 纳税人识别号：91110105657325413P 地址、电话：北京市丰台区小屯路198号 010-81305645 开户行及账户：招商银行北京大成路支行 020019791518156				密码区		
货物或应税劳务名称	规格型号	单位	数量	单价	金额	税率	税额
房租					45 000.00	9%	4 050.00
物业费					4 500.00	6%	270.00
合计					¥49 500.00		¥4 320.00
价税合计（大写）	⊗伍万叁仟捌佰贰拾元整			（小写）¥53 820.00			
销货单位	名　称：北京金泰大厦物业 纳税人识别号：91110109607652199P 地址、电话：北京市丰台区万寿路30号 64287964 开户行及账户：招商银行北京大成路支行 020041819114104				备注	北京金泰大厦物业 91110109607652199P 发票专用章	

收款人：张世洁　　复核：王美　　开票人：张世洁　　销售方：（章）

第三联：发票联 购买方记账凭证

图表 5-39

销售明细表

编制单位：北京市圣盈商贸公司　　　日期：2019 年 9 月 14 日　　　单位：元

类别	商品名称	规格	单位	数量	含税单价	金额	不含税售价	税金
鞋帽类	男士登山鞋	标准	双	50	1 017.00	50 850.00	45 000.00	5 850.00
	女士登山鞋	标准	双	10	904.00	9 040.00	8 000.00	1 040.00
合计						59 890.00	53 000.00	6 890.00

制单：马克　　　复核：刘莉　　　主管：王甜甜

图表 5-40

1100143220　　　北京增值税专用发票　　　No 00275241　1100143220 0275245

发票联　　　开票日期：2019 年 9 月 14 日

购货单位	名称：北京市南光公司 纳税人识别号：91110410523315166P 地址、电话：北京市朝阳区小南路 45 号 010-62305320 开户行及账户：工商银行南礼士路支行 020019791518160					密码区		
货物或应税劳务名称	规格型号	单位	数量	单价	金额	税率	税额	
男士登山鞋		双	50	900	45 000	13%	5 850.00	
女士登山鞋		双	10	800	8 000	13%	1 040.00	
合计					¥53 000		¥6 890.00	
价税合计（大写）	⊗伍万玖仟捌佰玖拾元整				（小写）¥59 890.00			
销货单位	名称：北京市圣盈商贸公司 纳税人识别号：91110105657325413P 地址、电话：北京市丰台区小屯路 198 号 010-81305645 开户行及账户：招商银行北京大成路支行 020019791518156					备注	北京市圣盈商贸公司 91110105657325413P 发票专用章	

第一联：发票联　销售方记账凭证

收款人：高林　　　复核：赵存方　　　开票人：高林　　　销售方：（章）

图表 5-41

差旅费报销单（代支出凭单）

2019 年 9 月 14 日

出差人	张丽英		职务	职员	部门	销售部门	审批人	王天一
出差事由	合同		出差日期	2019 年 9 月 2 日—9 月 9 日				
到达地点	大连							
项目金额	交通工具				其他	旅馆费	伙食补助	
	火车	汽车	轮船	飞机	补助	住宿 5 天	在途 2 天	伙食补助
	660.00	100.00			1 400.00	1 000.00		640.00
总计人民币（大写）叁仟捌佰元整					¥3 800.00			
原借款金额	报销金额		交结余或超支金额 ¥200.00					
4 000.00	3 800.00		人民币（大写）贰佰元整					

图表 5-42

收 据

2019 年 9 月 14 日

今收到：张丽英

交 来：多余差旅费

人民币（大写）贰佰元整 ¥200.00

现金付讫

收款单位

公 章 （北京市圣登商贸公司 财务专用章）

收款人	高林	交款人	张丽英

图表 5-43

领 料 单

2019 年 9 月 14 日

领料单位		销售部		用途		
编号	材料名科	规格	数量	单位	单价	成本金额
01	木箱		20	个	30.00	600.00
02	纸箱		50	个	2.50	125.00
合计			70			725.00

会计主管：赵府方　　　　制单：李梅

图表 5-44

收 款 回 单　　招商银行

日期：2019年9月14日

付款账号：020019791517822

户名：北京市立邦商城

开户行：中国建设银行北京小屯路支行

金额（大写）：叁仟肆佰元整

（小写）：¥3 400.00

收款人户名：北京市壹盈商贸公司

收款人账号：020019791518156

收款人开户行：招商银行北京大成路支行

摘要：支付欠款

提示：1. 电子回单验证码相同表示同一笔业务回单，请勿重复记账使用。
2. 已在银行柜台领用业务回单的单位，请注意核对，勿重复记账使用。

招商银行股份有限公司
电子回单专用章

图表 5-45

销售明细表

编制单位：北京市壹盈商贸公司　　日期：2019 年 9 月 14 日　　单位：元

类别	商品名称	规格	单位	数量	含税单价	金额	不含税售价	税金
鞋帽类	男士登山鞋	标准	双	2	1 017.00	2 034.00	1 800.00	234.00
	女士登山鞋	标准	双	2	904.00	1 808.00	1 600.00	208.00
合计				4	1 921.00	3 842.00	3 400.00	442.00

制单：马克　　复核：刘莉　　主管：王甜甜

图表 5-46

1100143220　　**北京增值税普通发票**　　No 00275249　　1100143220
00275246

北京市

发票联

开票日期：2019年9月14日

购货单位	名　　称：个人 纳税人识别号： 地址 、 电话： 开户行及账户：	密码区	

货物或应税劳务名称	规格型号	单位	数量	单价	金额	税率	税额
男士登山鞋		双	2	900	1 800	13%	234.00
女士登山鞋		双	2	800	1 600	13%	208.00
合计					¥3 400		¥442.00
价税合计（大写）	ⓧ叁仟捌佰肆拾贰元整				（小写） ¥3 842.00		

销货单位	名　　称：北京市圣盈商贸公司 纳税人识别号：91110105657325413P 地址 、 电话：北京市丰台区小屯路198号 010-81305645 开户行及账户：招商银行北京大成路支行 020019791518156	备注	北京市圣盈商贸公司 91110105657325413P 发票专用章

第一联：发票联 销售方记账凭证

收款人：高林　　复核：赵存方　　开票人：高林　　销售方：（章）

图表 5-47

出 库 单

编制单位：北京市圣盈商贸公司　　　　日期：2019年9月14日

类别	商品名称	规格	单位	数量	含税单价	金额	不含税售价	税金
鞋帽类	冲锋衣	标准	件	2	226.00	452.00	400.00	52.00
	抓绒衣	标准	件	2	169.50	339.00	300.00	39.00
合计				4	395.50	791.00	700.00	91.00

制单：马克　　复核：刘莉　　主管：王甜甜

图表 5-48

1100143220　　**北京增值税普通发票**　　No 00275249　1100143220 0275247

北京市 发票联

开票日期：2019 年 9 月 14 日

购货单位	名　　称：个人 纳税人识别号： 地址 、电话： 开户行及账户：				密码区			
货物或应税劳务名称	规格型号	单位	数量	单价	金额	税率	税额	
冲锋衣		件	2	200.00	400.00	13%	52.00	
抓绒衣		件	2	150.00	300.00	13%	39.00	
合计					¥700.00		¥91.00	
价税合计（大写）	ⓧ柒佰玖拾壹元整				（小写）¥791.00			
销货单位	名　　称：北京市圣盈商贸公司 纳税人识别号：91110105657325413P 地址 、电话：北京市丰台区小屯路 198 号　010-81305645 开户行及账户：招商银行北京大成路支行 020019791518156				备注	北京圣盈商贸公司 91110105657325413P 发票专用章		

第一联：发票联　销售方记账凭证

收款人：高林　　复核：赵存方　　开票人：高林　　销售方：（章）

图表 5-49

出　库　单

编制单位：北京市圣盈商贸公司　　　　日期：2019 年 9 月 14 日

类别	商品名称	规格	单位	数量	含税单价	金额	不含税售价	税金
鞋帽类	男士登山鞋	标准	双	8	1 017.00	8 136.00	7 200.00	936.00
	女士登山鞋	标准	双	8	904.00	7 232.00	6 400.00	832.00
户外服装类	冲锋衣	标准	件	18	226.00	4 068.00	3 600.00	468.00
	抓绒衣	标准	件	13	169.50	2 203.50	1 950.00	253.50
附加类	睡袋	标准	个	50	226.00	11 300.00	10 000.00	1 300.00
	背包	标准	个	20	113.00	2 260.00	2 000.00	260.00
	垫子	标准	个	80	339.00	27 120.00	24 000.00	3 120.00
合计						62 319.50	55 150.00	7169.50

制单：马克　　复核：刘莉　　主管：王甜甜

图表 5-50

1100143220　　**北京增值税专用发票**　　No 00275260　1100143229

北京市　　0275248

发票联　　开票日期：2019 年 9 月 14 日

购货单位	名　　称：北京市城瑞商贸公司 纳税人识别号：91110108687607004P 地址 、 电话：北京市海淀区东四环西路　010-64523154 开户行及账户：工商银行北京海淀东区支行　020019791517824				密码区			
货物或应税劳务名称	规格型号	单位	数量	单价	金额	税率	税额	
内容详见清单					55 150.00	13%	7 169.50	
合计					¥55 150.00		¥7 169.50	
价税合计（大写）	⊗陆万贰仟叁佰壹拾玖元伍角零分				（小写）¥62 319.50			
销货单位	名　　称：北京市圣盈商贸公司 纳税人识别号：91110105657325413P 地址 、 电话：北京市丰台区小屯路 198 号　010-81305645 开户行及账户：招商银行北京大成路支行　020019791518156				备注	北京市圣盈商贸公司 911101056567325413P 发票专用章		

第一联：发票联　销售方记账凭证

收款人：高林　　复核：赵存方　　开票人：高林　　销售方：　（章）

图表 5-51

增值税应税货物或劳务销货清单

购货单位名称：北京市城瑞商贸公司

销货单位名称：北京市圣盈商贸公司

所属增值税专用发票代码：　　号码：　　共 1 页　　第 1 页

序号	货物（劳务）名称	规格	单位	数量	单价	金额	税率	税金
1	男士登山鞋	标准	双	8	900.00	7 200.00	13%	936.00
2	女士登山鞋	标准	双	8	800.00	6 400.00	13%	832.00
3	冲锋衣	标准	件	18	200.00	3 600.00	13%	468.00
4	抓绒衣	标准	件	13	150.00	1 950.00	13%	253.00
5	睡袋	标准	个	50	200.00	10 000.00	13%	1 300.00
6	背包	标准	个	20	100.00	2 000.00	13%	260.00
7	垫子	标准	个	80	300.00	24 000.00	13%	3 120.00
	小计					55 150.00		7 169.50

销货单位：北京市圣盈商贸公司　（北京市圣盈商贸公司 91110105657325413P 发票专用章）

图表 5-52

房租及物业费摊销表

编制单位：北京市圣盈商贸公司　　　　日期：2019 年 09 月 17 日　　　　单位：元

项目	开始时间	入账金额	摊销月数	月摊销额	已摊销额	未摊销额
办公楼租金	2019 年 9 月	45 000.00	3	15 000.00	15 000.00	30 000.00
物业费	2019 年 9 月	4 500.00	3	1 500.00	1 500.00	3 000.00
合计		49 500.00		16 500.00	16 500.00	33 000.00

制单：马亮　　　　复核：刘莉　　　　主管：王甜甜

图表 5-53

1100143220　　**江苏增值税专用发票**　　No 00275241　1100143220
0275249

江苏

发票联

开票日期：2019 年 9 月 19 日

购货单位	名称：北京市圣盈商贸公司 纳税人识别号：91110105657325413P 地址、电话：北京市丰台区小屯路 198 号　010-81305645 开户行及账户：招商银行北京大成路支行 020019791518156	密码区					
货物或应税劳务名称	规格型号	单位	数量	单价	金额	税率	税额
服务费				5 660.38	5 660.38	6%	339.62
合计					¥5 660.38		339.62
价税合计（大写）	⊗陆仟元整　（小写）¥6 000.00						
销货单位	名称：江苏京东信息技术有限公司 纳税人识别号：320108623144663 地址、电话：北京市海淀区清华路 17 号　010-69053239 开户行及账户：中国建设银行北京清华园支行 11001079900053006001	备注	江苏京东信息技术有限公司 320108623144663 发票专用章				

第二联：发票联　购买方记账凭证

收款人：于丽　　复核：赵焕　　开票人：于丽　　销售方：（章）

图表 5-54

收　　据

2019 年 9 月 19 日

今收到：北京市壹盈商贸公司

交　来：保证金 30 000 元

人民币（大写）叁万元整　　　　¥30 000.00

收款单位
公　章

（印章：江苏东来信息技术有限公司 财务专用章）

收款人	王璐	交款人	马洪

图表 5-55

出　库　单

编制单位：北京市壹盈商贸公司　　　　日期：2019 年 9 月 20 日

类别	商品名称	规格	单位	数量	含税单价	金额	不含税售价	税金
鞋帽类	男士登山鞋	标准	双	70	1 017.00	71 190.00	63 000.00	8 190.00
	女士登山鞋	标准	双	80	904.00	72 320.00	64 000.00	8 320.00
户外服装类	冲锋衣	标准	件	60	226.00	13 560.00	12 000.00	1 560.00
	抓绒衣	标准	件	100	169.50	16 950.00	15 000.00	1 950.00
附加类	睡袋	标准	个	100	226.00	22 600.00	20 000.00	2 600.00
	背包	标准	个	100	113.00	11 300.00	10 000.00	1 300.00
	垫子	标准	个	100	339.00	33 900.00	30 000.00	3 900.00
合计						241 820.00	214 000.00	27 820.00

制单：马克　　　　复核：刘莉　　　　主管：王甜甜

图表 5-56

1100143220

北京增值税专用发票

北京市

发 票 联

No 00275260　1100143235

0275250

开票日期：2019 年 9 月 20 日

购货单位	名　　称：北京保润户外用品公司 纳税人识别号：91110108687607005P 地址 、 电话：北京市海淀区西四环南路　010-64849980 开户行及账户：中国工商银行北京六里桥支行 02000045090315265920				密码区			
货物或应税劳务名称	规格型号	单位	数量	单价	金额	税率	税额	
内容详见清单					214 000.00	13%	27 820.00	
合计					¥214 000.00		¥27 820.00	
价税合计（大写）	⊗贰拾肆万壹仟捌佰贰拾元整				（小写）¥241 820.00			
销货单位	名　　称：北京市圣盈商贸公司 纳税人识别号：91110105657325413P 地址 、 电话：北京市丰台区小屯路 198 号　010-81305645 开户行及账户：招商银行北京大成路支行 020019791518156				备注	北京市圣盈商贸公司 91110105657325413P 发票专用章		

第一联：发票联　销售方记账凭证

收款人：高林　　复核：赵彦方　　开票人：高林　　销售方：（章）

图表 5-57

增值税应税货物或劳务销货清单

购货单位名称：北京保润户外用品公司

销货单位名称：北京市圣盈商贸公司

所属增值税专用发票代码：　　　　号码：　　　　共 1 页第 1 页

序号	货物（劳务）名称	规格	单位	数量	单价	金额	税率	税金
1	男士登山鞋	标准	双	70	900.00	63 000.00	13%	8 190.00
2	女士登山鞋	标准	双	80	800.00	64 000.00	13%	8 320.00
3	冲锋衣	标准	件	60	200.00	12 000.00	13%	1 560.00
4	抓绒衣	标准	件	100	150.00	15 000.00	13%	1 950.00
5	睡袋	标准	个	100	200.00	20 000.00	13%	2 600.00
6	背包	标准	个	100	100.00	10 000.00	13%	1 300.00
7	垫子	标准	个	100	300.00	30 000.00	13%	3 900.00
	小计					214 000.00		27 820.00

销货单位：北京市圣盈商贸公司

北京市圣盈商贸公司
91110105657325413P
发票专用章

图表 5-58

收 款 回 单

招商银行

日期：2019年9月24日
付款账号：11001079900053006001
户名：江苏京东信息技术有限公司
开户行：中国建设银行北京清华园支行
金额（大写）：叁拾万零捌仟柒佰柒拾贰元伍角零分
（小写）：¥308 772.5
收款人户名：北京市金盈商贸公司
收款人账号：020019791518156
收款人开户行：招商银行北京大成路支行
摘要：货款

提示：1.电子回单验证码相同表示同一笔业务回单，请勿重复记账使用。
2.已在银行柜台领用业务回单的单位，请注意核对，勿重复记账使用。

招商银行股份有限公司
电子回单专用章

图表 5-59

借款利息计算表

编制单位：北京市金盈商贸公司　　　　2019 年 9 月 28 日

借款类别	借款金额	利率（月）	本月计提金额	备注
长期借款	60 000.00	0.5%	300.00	

会计主管：赵府方　　　　制单：李梅

图表 5-60

工资计提汇总表（9 月份工资表）

编制单位：北京市金盈商贸公司　　日期：2019 年 9 月 28 日　　单位：元

序号	职员编码	姓名	所属部门	费用归属	应付工资总额	个人保险、住房公积金	个人所得税	实发工资
1	101	王大志	总经理办公室	管理费用	7 500.00	1 215.00	173.50	6 111.50
2	201	赵府方	财务部	管理费用	5 500.00	1 013.00	29.61	4 457.39
3	202	张亮	财务部	管理费用	3 700.00	710.00	0	2 990.00
4	203	高林	财务部	管理费用	3 100.00	609.00	0	2 491.00
5	301	王甜甜	行政人事部	管理费用	5 300.00	1 013.00	23.61	4 263.39
6	302	马克	行政人事部	管理费用	3 200.00	609.00	0	2 491.00
7	303	刘丽	行政人事部	管理费用	3 100.00	609.00	0	2 491.00
8	401	王莲花	采购部	管理费用	5 300.00	1 013.00	23.61	4 263.39
9	402	宵瑞	采购部	管理费用	3 100.00	609.00	0	2 491.00
10	403	李梅	采购部	管理费用	3 400.00	609.00	0	2 791.00
11	501	王天一	销售部	销售费用	5 800.00	1 013.00	38.61	4 748.39
12	502	张丽英	销售部	销售费用	3 100.00	609.00	0	2 491.00
13	503	蒋富岭	销售部	销售费用	3 100.00	609.00	0	2 491.00
					55 200.00	10 240.00	288.94	44 671.06

会计主管：赵府方　　制单：李梅

图表 5-61

部门工资计算表

部　　门	管理费用	销售费用	总　　计
财务部	12 300.00		12 300.00
采购部	11 800.00		11 800.00
销售部		12 000.00	12 000.00
行政人事部	11 600.00		11 600.00
总经办	7 500.00		7 500.00
合计	43 200.00	12 000.00	55 200.00

会计主管：赵府方　　制单：李梅

图表 5-62

9月份公司承担社保、公积金计提表

编制单位：北京市圣盈商贸公司　　　　日期：2019年9月28日　　　　单位：　元

编码	姓名	所属部门	费用归属	社保基数	养老保险	医疗保险	失业保险	工伤保险	生育保险	社保合计	住房公积金
101	王大志	总经办	管理费用	6 000.00	1 200.00	600.00	60.00	30.00	48.00	1 938.00	600.00
201	赵存方	财务部	管理费用	5 000.00	1 000.00	500.00	50.00	25.00	40.00	1 615.00	500.00
202	张亮	财务部	管理费用	3 500.00	700.00	350.00	35.00	17.50	28.00	1 130.50	350.00
203	高林	财务部	管理费用	3 000.00	600.00	300.00	30.00	15.00	24.00	969.00	300.00
301	王甜甜	行政人事部	管理费用	5 000.00	1000.00	500.00	50.00	25.00	40.00	1 615.00	500.00
302	马克	行政人事部	管理费用	3 000.00	600.00	300.00	30.00	15.00	24.00	969.00	300.00
303	刘丽	行政人事部	管理费用	3 000.00	600.00	300.00	30.00	15.00	24.00	969.00	300.00
401	王莲花	采购部	管理费用	5 000.00	1000.00	500.00	50.00	25.00	40.00	1 615.00	500.00
402	肖瑞	采购部	管理费用	3 000.00	600.00	300.00	30.00	15.00	24.00	969.00	300.00
403	李梅	采购部	管理费用	3 000.00	600.00	300.00	30.00	15.00	24.00	969.00	300.00
501	王天一	销售部	销售费用	5 000.00	1000.00	500.00	50.00	25.00	40.00	1 615.00	500.00
502	张丽英	销售部	销售费用	3 000.00	600.00	300.00	30.00	15.00	24.00	969.00	300.00
503	蒋富岭	销售部	销售费用	3 000.00	600.00	300.00	30.00	15.00	24.00	969.00	300.00
					10 100.00	5 050.00	505.00	252.50	404.00	16 311.50	5 050.00

会计主管：赵存方　　　　　　　　制单：李梅

图表 5-63

固定资产折旧计算表

使用部门	类　别	固定资产原值	残值率	折旧年限	本月折旧额
管理部门	房屋建筑	140 000.00	5%	20	554.17
	办公设备	110 000.00	5%	5	1 741.67
	合计	250 000.00			2 295.84
销售部门	房屋建筑	232 500.00	5%	20	920.31
	运输工具	220 000.00	5%	4	4 354.17
	其他设备	14 000.00	5%	5	221.67
	合计	466 500.00			5 496.15
总计		716 500.00			7 791.99

会计主管：赵存方　　　　　　　　制单：李梅

图表 5-64

商品销售出库汇总表

名称：北京市金盈商贸公司　　　　　　　　　　2019 年 9 月 30 日

类别	商品名称	规格	单位	数量	单位成本	金额	合计
鞋帽类	男士登山鞋		双	130	529.41	68 823.30	109 823.30
	女士登山鞋		双	100	410.00	41 000.00	
户外服装类	冲锋衣		件	80	145.00	11 600.00	24 825.00
	抓绒衣		件	115	115.00	13 225.00	
附加类	睡袋		个	150	100.00	15 000.00	49 200.00
	背包		个	120	60.00	7 200.00	
	垫子		个	180	150.00	27 000.00	
合计						183 848.30	183 848.30

会计主管：赵存方　　　　　　　　　　制单：李梅

男士登山鞋加权平均单位成本=（60 000+30 000）÷（120+50）=529.41（元/双）

女士登山鞋加权平均单位成本=（72 000+10 000）÷（180+20）=410.00（元/双）

冲锋衣加权平均单位成本=（90 000+26 000）÷（600+200）=145.00（元/件）

抓绒衣加权平均单位成本=（36 000+33 000）÷（300+300）=115.00（元/件）

图表 5-65

计提税金明细表

2019 年 9 月 30 日

项　　目	计提基数	税　　率	税　　额
应交城市维护建设税	24 882.88	7%	1 741.80
应交教育费附加	24 882.88	3%	746.49
应交地方教育费附加	24 882.88	2%	497.66
合计			2 985.95

会计主管：赵存方　　　　　　　　　　制单：李梅

图表 5-66

9 月份损益类各账户本期发生额

单位：元

会计科目	本期发生额（借方）	会计科目	本期发生额（贷方）
主营业务成本	183 848.30	主营业务收入	326 250
税金及附加	2 985.95		
管理费用	79 904.34		
销售费用	32 834.53		
财务费用	300.00		
合计	299 873.12	合计	326 250

会计主管：赵存方　　　　制单：李梅

图表 5-67

所得税计算表

2019 年 9 月 30 日

项目	本季度利润总额	所得税率	本季度预交所得税
金额	121 647.74	25%	30 411.94
合计	121 647.74		

会计主管：赵存方　　　　制单：李梅

图表 5-68

科目汇总表

年　月　日

科目编码	科目名称	借方	贷方
	库存现金		
	银行存款		
	应收票据		
	应收账款		
	预付账款		
	其他应收款		
	固定资产		
	累计折旧		
	无形资产		
	累计摊销		
	应付账款		
	合同负债		

续表

科目编码	科目名称	借方	贷方
	应交税费		
	应付职工薪酬		
	应收利息		
	长期借款		
	实收资本		
	资本公积		
	盈余公积		
	本年利润		
	利润分配		
	主营业务收入		
	主营业务成本		
	税金及附加		
	管理费用		
	财务费用		
	所得税费用		
	合　　计		

图表 5-69

资产负债表

会企 01 表

编制单位：　　　　　　　　　　　年　月　日　　　　　　　　　　　单位：元

资产	期末余额	负债及所有者权益	期末余额
流动资产：		流动负债：	
货币资金		短期借款	
交易性金融资产		交易性金融负债	
衍生金融资产		衍生金融负债	
应收票据		应付票据	
应收账款		应付账款	
应收款项融资		预收款项	
预付款项		合同负债	
其他应收款		应付职工薪酬	
存货		应交税费	
合同资产		其他应付款	
持有待售资产		持有待售负债	
一年内到期的非流动资产		一年内到期的非流动负债	

续表

资产	期末余额	负债及所有者权益	期末余额
其他流动资产		其他流动负债	
流动资产合计		流动负债合计	
非流动资产：		非流动负债：	
债权投资		长期借款	
其他债权投资		应付债券	
长期应收款		其中：优先股	
长期股权投资		永续债	
其他权益工具投资		租赁负债	
其他非流动金融资产		长期应付款	
投资性房地产		预计负债	
固定资产		递延收益	
在建工程		递延所得税负债	
生产性生物资产		其他非流动负债	
油气资产		非流动负债合计	
使用权资产		负债合计	
无形资产		所有者权益(或股东权益)：	
开发支出		实收资本（或股本）	
商誉		其他权益工具	
长期待摊费用		其中：优先股	
递延所得税资产		永续债	
其他非流动资产		资本公积	
非流动资产合计		减：库存股	
		其他综合收益	
		专项储备	
		盈余公积	
		未分配利润	
		所有者权益（或股东权益）合计	
资产总计		负债和所有者权益（或股东权益）总计	

图表 5-70

利润表

会企 02 表

编制单位：　　　　　　　　　　　　年　月　　　　　　　　　　　　单位：元

项　　目	本年累计金额
一、营业收入	
减：营业成本	
税金及附加	
销售费用	
管理费用	
研发费用	
财务费用	
其中：利息费用	
利息收入	
加：其他收益	
投资收益（损失以“-”号填列）	
其中：对联营企业和合营企业的投资收益	
以摊余成本计量的金融资产终止确认收益（损失以“-”号填列）	
净敞口套期收益（损失以“-”号填列）	
公允价值变动收益（损失以“-”号填列）	
信用减值损失（损失以“-”号填列）	
资产减值损失（损失以“-”号填列）	
资产处置收益（损失以“-”号填列）	
二、营业利润（亏损以“-”号填列）	
加：营业外收入	
减：营业外支出	
三、利润总额（亏损总额以“-”号填列）	
减：所得税费用	
四、净利润（净亏损以“-”号填列）	
（一）持续经营净利润（净亏损以“-”号填列）	
（二）终止经营净利润（净亏损以“-”号填列）	
五、其他综合收益税后净额	
（一）不能重分类进损益的其他综合收益	
1．重新计量设定受益计划变动额	
2．权益法下不能转损益的其他综合收益	
3．其他权益工具投资公允价值变动	
4．企业自身信用风险公允价值变动	
……	

续表

项　　目	本年累计金额
（二）将重分类进损益的其他综合收益	
1．权益法下可转损益的其他综合收益	
2．其他债权投资公允价值变动	
3．金融资产重分类计入其他综合收益的金额	
4．其他债权投资信用减值准备	
5．现金流量套期储备	
6．外币财务报表折算差额	
……	
六、综合收益总额	
七、每股收益：	
（一）基本每股收益	
（二）稀释每股收益	

图表 5-71

现金流量表

会企 03 表

编制单位：　　　　　　　　　　　年　月　　　　　　　　　　　单位：元

项　　目	本期金额	上期金额
一、经营活动产生的现金流量		
销售商品、提供劳务收到的现金		
收到的税费返还		
收到其他与经营活动有关的现金		
经营活动现金流入小计		
购买商品、接受劳务支付的现金		
支付给职工及为职工支付的现金		
支付的各项税费		
支付其他与经营活动有关的现金		
经营活动现金流出小计		
经营活动产生的现金流量净额		
二、投资活动产生的现金流量		
收回投资收到的现金		
取得投资收益收到的现金		
处置固定资产、无形资产和其他长期资产收回的现金净额		
处置子公司及其他营业单位收到的现金净额		
收到其他与投资活动有关的现金		
投资活动现金流入小计		
购建固定资产、无形资产和其他长期资产支付的现金		
投资支付的现金		
取得子公司及其他营业单位支付的现金净额		

续表

项 目	本期金额	上期金额
支付其他与投资活动有关的现金		
投资活动现金流出小计		
投资活动产生的现金流量净额		
三、筹资活动产生的现金流量		
吸收投资收到的现金		
取得借款收到的现金		
收到其他与筹资活动有关的现金		
筹资活动现金流入小计		
偿还债务支付的现金		
分配股利、利润或偿付利息支付的现金		
支付其他与筹资活动有关的现金		
筹资活动现金流出小计		
筹资活动产生的现金流量净额		
四、汇率变动对现金及现金等价物的影响		
五、现金及现金等价物净增加额		
加：期初现金及现金等价物余额		
六、期末现金及现金等价物余额		

活动3　知识拓展——学习会计账簿的装订

【情景导入】

接下来，小欣开始跟着蔡老师学习会计账簿的装订。你也试着做一做吧。

专业知识链接

各种会计账簿年度结账后，除跨年使用的账簿外，其他账簿应按时整理立卷。会计账簿装订的要领如下。

1. 账簿装订前

首先按账簿启用表的使用页数核对各个账户是否相符，账页数是否齐全，序号排列是否连续；然后按会计账簿封面、账簿启用表、账户目录、该账簿按页数顺序排列的账页、会计账簿封底的顺序装订。

2. 活页账簿装订要求

（1）保留已使用过的账页，将账页数填写齐全，去除空白页和撤掉账夹，用质好的牛皮纸做封面、封底，装订成册。

（2）多栏式活页账、三栏式活页账、数量金额式活页账等不得混装，应按同类业务、同类账页装订在一起。

（3）在账本的封面上填写好账目的种类，编好卷号，会计主管人员和装订人（经办人）签章。

（4）采用会计电算化的单位，应在年度终了，用A4纸打印账簿，并按上述规定装订。

3. 账簿装订后的其他要求

（1）会计账簿应牢固、平整，不得有折角、缺角、错页、掉页、加空白纸的现象。

（2）会计账簿的封口要严密，封口处要加盖有关印章。

（3）封面应采用公司统一格式，封面应齐全、平整，并注明所属年度及账簿名称、编号。编号为一年一编，编号顺序为总账、现金日记账、银行存（借）款日记账、分户明细账。

（4）会计账簿按保管期限分别编制卷号，如现金日记账全年按顺序编制卷号；总账、各类明细账、辅助账全年按顺序编制卷号。

任务6

服务业会计核算

活动 1　旅游民宿企业的基本概况

【情景导入】

王涵是一名即将毕业的财会专业的大学生，在大四这一年里，王涵一直在某企业财务部门实习。通过这段时间的努力，王涵已经初步掌握了财务工作的实务操作技能。2019 年 5 月底，王涵经人推荐进入北京南山居休闲度假有限公司实习。北京南山居休闲度假有限公司是一家经营民宿的企业。王涵此前没有接触过旅游民宿行业，对这一类企业的特点不是很了解。在进入该公司实习的第一天，师傅向王涵详细介绍了该公司的相关情况。我们一起来看看吧。

1．基本概况

北京南山居休闲度假有限公司基本概况如图表 6-1 所示。

图表 6-1

北京南山居休闲度假有限公司基本概况

企业名称	北京南山居休闲度假有限公司	法人代表	章求实
注册地址	北京市海淀区中关村大街 5 号	联系电话	010-62322108
注册资本	100 万	银行账号	020018552014134
纳税人识别号	91110710662364515P	经营范围	住宿餐饮、休闲游乐、农业体验、生态观光
开户银行	招商银行北京马连道支行	企业类型	有限责任公司（一般纳税人）

2．基础资料

（1）北京南山居休闲度假有限公司的组织结构图如图表 6-2 所示。

图表 6-2

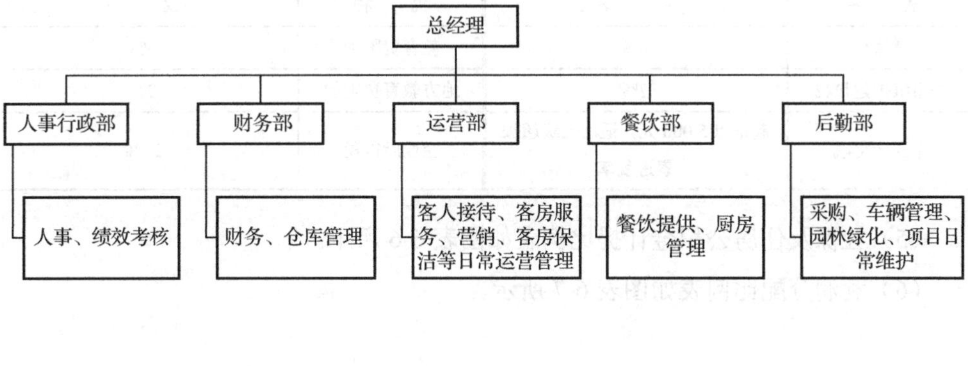

（2）客户档案表如图表 6-3 所示。

图表 6-3

客户档案表

编号	客户名称	税　号	开户银行	银行账号	地址/电话
1	北京通达公司	91110108687607500P	招商银行通达支行	020019791518161	北京市丰台区小屯路197 号 010-51405610
2	北京市众达房地产开发公司	91110108687607501P	招商银行大钟寺支行	020019791518162	北京市海淀区大钟寺路199 号 010-51405611
3	北京光贸集团	91110108687607502P	中国建设银行北京光贸支行	020019791517812	北京市大兴区庞各庄路200 号 010-51405612
4	北京新能源开发公司	91110108687607503P	中国建设银行北京花园路支行	020019791517813	北京市海淀区花园路201 号 010-51405613
5	北京远大科技有限公司	91110108687607504P	工商银行远大支行	020019791517814	北京市房山区政府路202 号 010-51405614

（3）公司会计政策与会计核算方法如图表 6-4 所示。

图表 6-4

公司会计政策与会计核算方法

固定资产的核算	年限平均法
无形资产的核算	年限平均法
备用金的核算	备用金定额为 4 000 元，由专人负责保管
低值易耗品的核算	一次摊销法

（4）税费计提比例表如图表 6-5 所示。

图表 6-5

税费计提比例表

税　种	税　率	税　种	税　率
增值税	6%	教育费附加	3%
城市维护建设税	7%	地方教育费附加	2%
个人所得税	起征点 5 000 元，适用七级超额累进税率	企业所得税	25%

（5）社保及住房公积金计提比例表如图表 6-6 所示。

（6）利润分配比例表如图表 6-7 所示。

图表 6-6

社保及住房公积金计提比例表

项　目	公司负担部分	个人负担部分	项　目	公司负担部分	个人负担部分
养老保险费	20%	8%	工伤保险费	0.5%	—
医疗保险费	10%	2%+3	生育保险费	0.8%	—
失业保险费	1%	0.20%	住房公积金	10%	10%

图表 6-7

利润分配比例表

项　目	分 配 比 例
法定盈余公积	净利润 10%
任意盈余公积	净利润 5%
应付股利金额	股东会决议

活动2　旅游民宿企业的业务核算

【情景导入1】

经过这几天的接触和考察，师傅觉得王涵的专业功底还不错，决定让王涵全面协助自己处理该公司2019年6月的相关会计业务核算。为了让王涵能够尽快上手，师傅将该公司6月初的相关财务数据交给了王涵，让其尽快熟悉。我们一起来看看吧。

（1）2019年6月月初各总账余额表如图表6-8所示。

图表 6-8

总账余额表

2019年6月

单位：元

会计科目	借或贷	借方余额	会计科目	借或贷	贷方余额
库存现金	借	3 050.00	应付账款	贷	52 000.00
银行存款	借	1 143 200.00	应付职工薪酬	贷	82 242.00
应收票据	借	35 000.00	应交税费	贷	9 841.94
应收账款	借	385 000.00	长期借款	贷	300 000.00
其他应收款	借	3 000.00	实收资本	贷	1 000 000.00
固定资产	借	237 116.00	资本公积	贷	20 000.00
累计折旧	贷	109 757.32	盈余公积	贷	34 300.00
			本年利润	贷	62 028.24

续表

会计科目	借或贷	借方余额	会计科目	借或贷	贷方余额
			利润分配	贷	136 196.50
合计		1 696 608.68	合计		1 696 608.68

（2）应收票据为通达公司商业承兑汇票 35 000.00 元。

（3）应收账款明细账余额表如图表 6-9 所示。

图表 6-9

应收账款明细账余额表

名　称	借或贷	金额（元）
北京市众达房地产开发公司	借	150 000.00
北京光贸集团	借	235 000.00

（4）其他应收款为运营部王红预借差旅费 3 000.00 元。

（5）固定资产明细账余额表如图表 6-10 所示。

图表 6-10

固定资产明细账余额表

设备名称	类别	单位	购入日期	使用部门	使用月数	折旧方法	数量	金额（元）	预计净残值	月折旧额	累计折旧
计算机	电子设备	台	2017.5.24	后勤部	27	直线法	1	3 000.00	150.15	105.55	2 533.33
计算机	电子设备	台	2017.5.25	总经理办公室	36	直线法	1	4 000.00	200.00	105.55	2 533.33
计算机	电子设备	台	2017.5.25	财务部	36	直线法	1	4 000.00	200.00	105.55	2 533.33
计算机	电子设备	台	2017.5.25	人事行政部	36	直线法	1	4 000.00	200.00	105.55	2 533.33
打印机	电子设备	台	2017.5.25	人事行政部	36	直线法	1	6 000.00	300.00	158.33	3 800.00
传真机	电子设备	台	2017.5.25	人事行政部	36	直线法	1	3 600.00	180.00	95.00	2 280.00
客房家具	营业设备	套	2017.5.25	运营部	60	直线法	10	57 000.00	3000.00	900.00	21 600.00
电视机	电子设备	台	2017.5.25	运营部	36	直线法	10	20 000.00	2000.00	500.00	12 000.00
抽油烟机	厨房电器	台	2017.5.25	餐饮部	60	直线法	1	6 416.00	416.00	100.00	2 400.00
电开水器	厨房电器	台	2017.5.25	餐饮部	60	直线法	1	4 500.00	300.00	70.00	1 680.00
冷柜	厨房电器	台	2017.5.25	餐饮部	60	直线法	1	2 600.00	200.00	40.00	960.00
办公桌椅	办公设备	套	2017.5.25	总经理办公室	60	直线法	1	8 000.00	400.00	126.67	3 040.00
办公桌椅	办公设备	套	2017.5.25	财务部	60	直线法	1	8 000.00	400.00	126.67	3 040.00
办公桌椅	办公设备	套	2017.5.25	人事行政部	60	直线法	1	8 000.00	400.00	126.67	3 040.00
办公桌椅	办公设备	套	2017.5.25	运营部	60	直线法	1	8 000.00	400.00	126.67	3 040.00
商务车	车辆	辆	2017.5.25	后勤部	48	直线法	1	90 000.00	4 512.00	1 781.00	42 744.00
小计								237 116.00			109 757.32

（6）应付账款明细账余额表如图表6-11所示。

图表6-11

应付账款明细账余额表

名　称	借 或 贷	金额（元）
北京红光园林景观设计有限公司	贷	39 000.00
北京瑞达布草洗涤有限公司	贷	13 000.00
合计		52 000.00

（7）应付职工薪酬明细账余额表如图表6-12所示。

图表6-12

应付职工薪酬明细账余额表

名　称	借 或 贷	金额（元）
工资	贷	59 400.00
社会保险	贷	17 442.00
住房公积金	贷	5 400.00

（8）应交税费明细账期初余额表如图表6-13所示。

图表6-13

应交税费明细账期初余额表

名　称	借 或 贷	金额（元）
未交增值税	贷	8 600.00
城市维护建设税	贷	602.00
教育费附加	贷	258.00
地方教育费附加	贷	172.00
应交个人所得税	贷	209.94
合计		9 841.94

（9）长期借款贷方余额为300 000.00元。

（10）本年利润在4、5月份的发生额合计9 464.41元（贷方）。

（11）实收资本明细账余额表如图表6-14所示。

图表6-14

实收资本明细账余额表

名　称	金额（元）
南山居民宿管理有限公司	800 000.00
旭日资本投资公司	200 000.00
合计	1 000 000.00

（12）盈余公积明细账余额表如图表 6-15 所示。

图表 6-15

盈余公积明细账余额表

名　称	借 或 贷	金额（元）
法定盈余公积金	贷	22 866.67
任意盈余公积金	贷	11 433.33
合计		34 300.00

（13）其他科目无余额。

【情景导入 2】

在 2019 年 6 月份，北京南山居休闲度假有限公司陆续发生了各种不同类型的会计业务，这对王涵来说确实是一个不小的挑战。王涵在这段时间参与了如下工作。

1. 会计凭证

（1）整理或填制有关经济业务的原始凭证。

（2）分类编制记账凭证，并将原始凭证附于有关的记账凭证之后。

2. 会计账簿

（1）根据记账凭证登记现金日记账、银行存款日记账。

（2）根据原始凭证、汇总原始凭证和记账凭证登记各种明细分类账。

（3）根据记账凭证编制科目汇总表。

（4）根据科目汇总表登记总分类账。

（5）将总分类账与日记账、总分类账与明细分类账分别核对。

在师傅的悉心指导下，王涵圆满完成了上述工作，学到了不少财会知识，会计实务操作技能又有了进一步提升。你也试着做一做吧。

北京南山居休闲度假有限公司在 2019 年 6 月份的经济业务及相关原始凭证如下：

【实训 1】 6 月 1 日，收到投资人王明的投资款 200 000 元，如图表 6-16 所示。

【实训 2】 6 月 2 日，人事行政部转来一份报销单，购入一批办公区绿色植物，取得增值税普通发票一张，金额 800 元，经审核后出纳用现金支付，如图表 6-17～图表 6-19 所示。

【实训 3】 6 月 3 日，运营部员工王红报销差旅费 2 700 元，余款 300 元归还现金，如图表 6-20、图表 6-21 所示。

【实训 4】 6 月 4 日，收到北京市众达房地产开发公司客房及餐饮收入 150 000

元，如图表6-22所示。

【实训5】 6月6日，后勤部转来一份报销单，列明报销一批招待客户用水果，总价 3 000 元，取得增值税普通发票，经审批后，出纳人员完成网上银行支付，如图表6-23～图表6-25所示。

【实训6】 6月10日，本月网上申报的税金已划账。缴纳上月应交增值税8 600元，如图表6-26、图表6-27所示。

【实训7】 6月10日，缴纳上月地方教育费附加172元、城市维护建设税602元、教育费附加258元、个人所得税209.94元，如图表6-28、6-29所示。

【实训8】 6月11日，根据经审批的“工资发放汇总表”发放5月份工资，如图表6-30、6-31所示。

【实训9】 6月11日，缴纳上月员工住房公积金，如图表6-32所示。

【实训10】 6月11日，缴纳上月员工社会保险，如图表6-33、图表6-34所示。

【实训11】 6月12日，预付北京瑞达布草洗涤有限公司布草清洗费13 000元，如图表6-35所示。

【实训12】 6月13日，支付北京福瑞物业管理中心本月停车费1 200元，如图表6-36、图表6-37所示。

【实训13】 6月14日，收到运营部转来客户北京新能源开发公司食宿服务协议一份，预收食宿服务费40 000元，如图表6-38所示。

【实训14】 6月17日，运营部李大勇预借差旅费2 000元。经审批后，出纳人员完成网上银行支付，如图表6-39、图表6-40所示。

【实训15】 6月17日，后勤部提出为了更好地服务客户，与北京信息技术公司签订合同，开发客房管理软件一套，开发软件含税价78 000元，试用成功，取得对方开具的增值税专用发票。款项已付，按照合同摊销年限为10年，如图表6-41～图表6-43所示。

【实训16】 6月18日，与北京荷韵文旅工作室签订合同，委托其进行民宿营销策划，按照合同预付其服务费5 000元，如图表6-44所示。

【实训17】 6月19日，缴纳本月水电费600元，如图表6-45、图表6-46所示。

【实训18】 6月20日，预付北京福瑞物业3个月的房租及物业费共计52 230元，如图表6-47、图表6-48所示。

【实训19】 6月21日，收到运营部转来客户北京远大科技有限公司客房协议一份，经确认后开具增值税专用发票，列明不含税价款为 170 000 元，增值税税额为 10 200 元。款项尚未收回，如图表 6-49 所示。

【实训 20】 6 月 27 日，摊销本月房租及物业费，如图表 6-50 所示。

【实训 21】 6 月 28 日，计提本月借款利息 2 000 元，如图表 6-51 所示。

【实训 22】 6 月 28 日，分配结转本月工资费用，如图表 6-52、图表 6-53 所示。

【实训 23】 6 月 28 日，分配本月企业负担的社会保险费和住房公积金，如图表 6-54 所示。

【实训 24】 6 月 28 日，计提本月固定资产折旧，如图表 6-55 所示。

【实训 25】 6 月 28 日，结转本月应交增值税。

【实训 26】 6 月 28 日，计提本月城市维护建设税 7%、教育费附加 3%、地方教育费附加 2%，如图表 6-56 所示。

【实训 27】 6 月 30 日，结转损益类账户，如图表 6-57 所示。

【实训 28】 6 月 30 日，结转所得税费用，如图表 6-58 所示。

【实训 29】 6 月 30 日，编制本月科目汇总表、资产负债表、利润表和现金流量表，如图表 6-59～图表 6-62 所示。

图表 6-16

收 款 回 单　　　　招商银行

日期：2019年6月1日
付款账号：0200193445671289045　　　　流水号：
付款人全称：　王明
开户行：中国建设银行建国门支行
金额（大写）：贰拾万元整
（小写）：¥200 000.00
收款人户名：北京南山居休闲度假有限公司
收款人账号：020018552014134
收款人开户行：招商银行北京马连道支行

摘要：投资款

提示：1.电子回单验证码相同表示同一笔业务回单，请勿重复记账使用。
2.已在银行柜台领用业务回单的单位，请注意核对，勿重复记账使用。

招商银行股份有限公司
电子回单专用章

图表 6-17

1100143220　　北京增值税普通发票　　No 00275241　1100143220
北京市　　0275251
发 票 联　　开票日期：2019 年 6 月 2 日

购货单位	名　　称：北京南山居休闲度假有限公司 纳税人识别号：91110710662364515P 地址 、电话：北京市海淀区中关村大街5号　010-62322108 开户行及账户：招商银行北京马连道支行　020018552014134					密码区		
货物或应税劳务名称	规格型号	单位	数量	单价	金额	税率	税额	
绿色植物		盆	10		733.94	9%	66.06	
合计					¥733.94		¥66.06	
价税合计（大写）	ⓧ捌佰元整				（小写）¥800.00			
销货单位	名　　称：北京中关村绿色花卉公司 纳税人识别号：91110108687607544P 地址 、电话：北京市海淀区中关村45号　010-82327890 开户行及账户：工商银行中关村支行　0200567895690045621					备注	北京中关村绿色花卉公司 91110108687607544P 发票专用章	

第二联：发票联　购买方记账凭证

收款人：张明　　复核：李磊　　开票人：张明　　销售方：　（章）

图表 6-18

收货单

供货单位：北京中关村绿色花卉公司　　　　2019年6月2日

商品编号	名称	规格	单位	数量	价　格（元）		
					单价（元）	金额（元）	其中：运杂费
01	绿植		盆	10	80	800.00	50.00
合计						800.00	

制单：刘凯　　验收：张四盈　　主管：张四盈　　记账：凌玲

图表 6-19

费用报销单

2019年6月2日

部门	后勤部		
用途	前厅绿植		
金额（大写）人民币捌佰元整	¥800.00		现金付讫
还款计划	2019年6月2日		
领导批准	章东实	领款人签字（盖章）	廖梅

图表 6-20

差旅费报销单

2019年6月3日

<table>
<tr><td>出差人</td><td colspan="2">王红</td><td>职务</td><td>职员</td><td>部门</td><td>运营部</td><td>审批人</td><td>章东实</td></tr>
<tr><td>出差事由</td><td colspan="3">洽谈客户</td><td rowspan="2">出差
日期</td><td colspan="4" rowspan="2">2019年5月20日—5月26日</td></tr>
<tr><td>到达地点</td><td colspan="3">青岛</td></tr>
<tr><td rowspan="3">项目
金额</td><td colspan="4">交通工具</td><td>其他</td><td>旅馆费</td><td colspan="2">伙食补助</td></tr>
<tr><td>火车</td><td>汽车</td><td>轮船</td><td>飞机</td><td>补助</td><td>住宿 5 天</td><td>在途 2 天</td><td>伙食补助</td></tr>
<tr><td>560.00</td><td>100.00</td><td>/</td><td>/</td><td>600.00</td><td>1 000.00</td><td>无</td><td>440.00</td></tr>
<tr><td colspan="9">总计人民币（大写）贰仟柒佰元整　　¥2 700.00</td></tr>
<tr><td colspan="2">原借款金额</td><td colspan="2">报销金额</td><td colspan="5">交结余或超支金额　¥300.00</td></tr>
<tr><td colspan="2">3 000.00</td><td colspan="2">2 700.00</td><td colspan="5">人民币（大写）叁佰元整</td></tr>
</table>

图表 6-21

收　　据

2019年 6月 3日

今收到：王红

交　来：多余差旅费

人民币（大写）叁佰元整　　¥300.00

现金收讫

收款单位

公　章　北京南山居休闲度假有限公司 财务专用章

收款人	雷思思	交款人	王红

图表 6-22

收款回单　　招商银行

日期：2019年6月4日

付款账号：020019791518162

户名：北京市众达房地产开发公司

开户行：招商银行大钟寺支行

金额（大写）：壹拾伍万元整

（小写）：¥150000.00

收款人户名：北京南山居休闲度假有限公司

收款人账号：020018552014134

收款人开户行：招商银行北京马连道支行

摘要：客房、餐饮收入

提示：1.电子回单验证码相同表示同一笔业务回单，请勿重复记账使用。
2.已在银行柜台领用业务回单的单位，请注意核对，勿重复记账使用。

招商银行股份有限公司
电子回单专用章

图表 6-23

1100143220　　**北京增值税普通发票**　　No 00275241　1100143220
0275252

北京市 发票联

开票日期：2019 年 6 月 6 日

<table>
<tr><td rowspan="4">购货单位</td><td colspan="5">名　　称：北京南山居休闲度假有限公司</td><td rowspan="4">密码区</td><td colspan="3" rowspan="4"></td></tr>
<tr><td colspan="5">纳税人识别号：91110710662364515P</td></tr>
<tr><td colspan="5">地址、电话：北京市海淀区中关村大街 5 号　010-62322108</td></tr>
<tr><td colspan="5">开户行及账户：招商银行北京马连道支行 020018552014134</td></tr>
<tr><td colspan="2">货物或应税劳务名称</td><td>规格型号</td><td>单位</td><td>数量</td><td>单价</td><td>金额</td><td>税率</td><td>税额</td></tr>
<tr><td colspan="2">水果</td><td></td><td>斤</td><td>100</td><td></td><td>2 654.87</td><td>13%</td><td>345.13</td></tr>
<tr><td colspan="2">合计</td><td></td><td></td><td></td><td></td><td>¥2 654.87</td><td></td><td>¥345.13</td></tr>
<tr><td colspan="2">价税合计（大写）</td><td colspan="7">ⓧ叁仟元整　　（小写）¥3 000.00</td></tr>
<tr><td rowspan="4">销货单位</td><td colspan="6">名　　称：北京中关村商贸</td><td rowspan="4">备注</td><td colspan="2" rowspan="4">北京中关村商贸
91110109607654189J
发票专用章</td></tr>
<tr><td colspan="6">纳税人识别号：91110109607654189J</td></tr>
<tr><td colspan="6">地址、电话：北京市海淀区中关村 50 号　010-82327891</td></tr>
<tr><td colspan="6">开户行及账户：工商银行中关村支行 0200567895690045622</td></tr>
</table>

收款人：刘洋　　复核：王楠　　开票人：刘洋　　销售方：（章）

第二联：发票联 购买方记账凭证

图表 6-24

费用报销单

2019 年 6 月 6 日

部门	后勤部		
用途	招待客户用水果	银行付讫	
金额（大写）人民币叁仟元整			¥3 000.00
领导批准	章求实	领款人签字（盖章）	刘凯

图表 6-25

付 款 回 单　　招商银行

日期：2019年6月6日
付款账号：020018552014134
户名：北京南山居休闲度假有限公司
开户行：招商银行北京马连道支行
金额（大写）：叁仟元整
（小写）：¥3 000.00
收款人户名：北京中关村商贸
收款人账号：0200567895690045622
收款人开户行：工商银行中关村支行

提示：1.电子回单验证码相同表示同一笔业务回单，请勿重复记账使用。
2.已在银行柜台领用业务回单的单位，请注意核对，勿重复记账使用。

招商银行股份有限公司
电子回单专用章

图表 6-26

付 款 回 单　　招商银行

日期：2019年6月10日　　业务类型：中间业务平台交易
付款账号：020018552014134
户名：北京南山居休闲度假有限公司
开户行：招商银行北京马连道支行
金额（大写）：捌仟陆佰元整
（小写）：¥8 600.00
摘要：税款
商户名称：国库信息系统

提示：1.电子回单验证码相同表示同一笔业务回单，请勿重复记账使用。
2.已在银行柜台领用业务回单的单位，请注意核对，勿重复记账使用。

招商银行股份有限公司
电子回单专用章

图表 6-27

招商银行 电子缴税付款凭证

纳税人全称及识别号：北京南山居休闲度假有限公司 91110710662364515P

付款人全称：北京南山居休闲度假有限公司

付款人账号：020018552014134　　征收相关机构：北京市海淀区国家税务局

付款人开户银行：招商银行北京马连道支行　　收款国库（银行）名称：北京市海淀区支库

小写（合计）：¥8 600.00　　流水号：2018090552869720

大写（合计）：捌仟陆佰元整　　税票号码：110161411181473950

税（费）种名称：增值税　　实缴金额：¥8 600.00

招商银行股份有限公司北京马连道支行

2019.06..10

所属日期 20190501—20190531

业务专用章（1）

图表 6-28

付 款 回 单　　招商银行

日期：2019年6月10日　　业务类型：商务支付业务　　流水号：GS25M2587DK25C34

付款账号：020018552014134

户名：北京南山居休闲度假有限公司

开户行：招商银行北京马连道支行

金额（大写）：壹仟贰佰肆拾壹元玖角肆分

（小写）：¥1 241.94

收款人户名：待结算财政款项—待报解预算收入专户（TIPS）

收款人账号：91059720690004010

收款人开户行：招商银行北京分行运营管理部

摘要：上缴上月城市维护建设税、教育费附加、地方教育费附加、个人所得税。

提示：1.电子回单验证码相同表示同一笔业务回单，请勿重复记账使用。

2.已在银行柜台领用业务回单的单位，请注意核对，勿重复记账使用。

招商银行股份有限公司

电子回单专用章

图表 6-29

招商银行　电子缴税付款凭证

付款人全称：北京南山居休闲度假有限公司　　91110710662364515P

付款人全称：北京南山居休闲度假有限公司
付款人账号：020018552014134
付款人开户银行：招商银行北京马连道支行
小写（合计）：¥1 241.94
大写（合计）：壹仟贰佰肆拾壹元玖角肆分
税（费）种名称：
城市维护建设税、教育费附加、
地方教育费附加、个人所得税

征收相关机构：北京市海淀区地方税务局
征收国库（银行）名称：国家金库北京市海淀区支库
流水号：2018090552869721
税票号码：11016141118147396

招商银行股份有限公司北京马连道支行
2019.06..10
业务专用章（1）

所属日期 20190501—20190531

图表 6-30

工资发放汇总表（5月份工资表）

编制单位：北京南山居休闲度假有限公司　　日期：2019年6月11日　　单位：元

序号	职员编码	姓名	所属部门	费用归属	应付工资	个人保险	住房公积金	个人所得税	实发工资
1	101	章求实	总经理办公室	管理费用	6 500.00	615.00	600.00	73.50	5 211.50
2	201	马田園	财务部	管理费用	5 500.00	513.00	500.00	29.61	4 457.39
3	202	刘梦洁	财务部	管理费用	3 700.00	360.00	350.00	0	2 990.00
4	203	雷丝丝	财务部	管理费用	3 600.00	309.00	300.00	0	2 991.00
5	301	王红琳	人事行政部	管理费用	5 300.00	513.00	500.00	23.61	4 263.39
6	302	刘凯	人事行政部	管理费用	3 200.00	309.00	300.00	0	2 591.00
7	303	廖梅	人事行政部	管理费用	3 100.00	309.00	300.00	0	2 491.00
8	401	王红	运营部	主营业务成本	5 900.00	513.00	500.00	41.61	4 845.39
9	402	马松	运营部	主营业务成本	3 100.00	309.00	300.00	0	2 491.00
10	403	李大勇	运营部	主营业务成本	3 400.00	309.00	300.00	0	2 791.00
11	501	赵清	餐饮部	主营业务成本	5 900.00	513.00	500.00	41.61	4 845.39
12	502	田玉红	餐饮部	主营业务成本	3 100.00	309.00	300.00	0	2 491.00
13	601	肖潇	后勤部	管理费用	3 700.00	360.00	350.00	0	2 990.00
14	602	顾飞	后勤部	管理费用	3 400.00	309.00	300.00	0	2 791.00
					59 400.00	5 550.00	5 400.00	209.94	48 240.06

会计主管：马田園　　制单：雷丝丝

图表 6-31

付 款 回 单　　　　招商银行

日期：2019年6月11日　　业务类型：企业银行代发工资　　流水号：GS25M2587DK25C39

付款账号：020018552014134

户名：北京南山居休闲度假有限公司

开户行：招商银行北京马连道支行

金额（大写）：肆万捌仟贰佰肆拾元零陆分

（小写）：¥48 240.06

摘要：发放5月份工资

提示：1.电子回单验证码相同表示同一笔业务回单，请勿重复记账使用。
2.已在银行柜台领用业务回单的单位，请注意核对，勿重复记账使用。

招商银行股份有限公司
电子回单专用章

图表 6-32

付 款 回 单　　　　招商银行

日期：2019年6月11日　　业务类型：住房公积金托收业务　　流水号：

付款账号：020018552014134　　收款人全称：北京市海淀区公积金管理中心

户名：北京南山居休闲度假有限公司

开户行：招商银行北京马连道支行

金额（大写）：壹万零捌佰元整

（小写）：¥10 800.00

日期：2019年5月

摘要：住房公积金

提示：1.电子回单验证码相同表示同一笔业务回单，请勿重复记账使用
2.已在银行柜台领用业务回单的单位，请注意核对，勿重复记账使用。

招商银行股份有限公司
电子回单专用章

图表 6-33

付 款 回 单　　　　招商银行

日期：2019年6月11日　　业务类型：社保托收业务
付款账号：02001855201 4134　　收款人全称：北京市海淀区社会保险管理中心
户名：北京南山居休闲度假有限公司
开户行：招商银行北京马连道支行
金额（大写）：贰万贰仟玖佰玖拾贰元整
（小写）：¥22 992.00
日期：2019年6月

社保证号：911101086876070003P　　五险+月报

养老：15 120.00
医疗：6 522.00
失业：648.00
生育：432.00
工伤：270.00

招商银行股份有限公司
电子回单专用章

图表 6-34

5月份公司承担社保、公积金计提表

编制单位：北京南山居休闲度假有限公司　　日期：2019年6月11日　　单位：元

编码	姓名	所属部门	社保基数	养老保险	医疗保险	失业保险	工伤保险	生育保险	社保合计	住房公积金
101	章求实	总经理办公室	6 000.00	1 200.00	600.00	60.00	30.00	48.00	1 938.00	600.00
201	马田园	财务部	5 000.00	1 000.00	500.00	50.00	25.00	40.00	1 615.00	500.00
202	刘梦洁	财务部	3 500.00	700.00	350.00	35.00	17.50	28.00	1 130.50	350.00
203	雷丝丝	财务部	3 000.00	600.00	300.00	30.00	15.00	24.00	969.00	300.00
301	王红琳	人事行政部	5 000.00	1 000.00	500.00	50.00	25.00	40.00	1 615.00	500.00
302	刘凯	人事行政部	3 000.00	600.00	300.00	30.00	15.00	24.00	969.00	300.00
303	廖梅	人事行政部	3 000.00	600.00	300.00	30.00	15.00	24.00	969.00	300.00
401	王红	运营部	5 000.00	1 000.00	500.00	50.00	25.00	40.00	1 615.00	500.00
402	马松	运营部	3 000.00	600.00	300.00	30.00	15.00	24.00	969.00	300.00
403	李大勇	运营部	3 000.00	600.00	300.00	30.00	15.00	24.00	969.00	300.00
501	赵清	餐饮部	5 000.00	1 000.00	500.00	50.00	25.00	40.00	1 615.00	500.00
502	田玉红	餐饮部	3 000.00	600.00	300.00	30.00	15.00	24.00	969.00	300.00
601	肖潇	后勤部	3 500.00	700.00	350.00	35.00	17.50	28.00	1 130.50	350.00
602	顾飞	后勤部	3 000.00	600.00	300.00	30.00	15.00	24.00	969.00	300.00
				10 800.00	5 400.00	540.00	270.00	432.00	17 442.00	5 400.00

会计主管：马田园　　　　制单:雷丝丝

图表 6-35

付 款 回 单　　　　招商银行

日期：2019年6月12日
付款账号：020018552014134
户名：北京南山居休闲度假有限公司
开户行：招商银行北京马连道支行
金额（大写）：壹万叁仟元整
（小写）：¥13 000.00
收款人户名：北京瑞达布草洗涤有限公司
收款人账号：0200567895690045623
收款人开户行：工商银行大运村支行

摘要：预付布草清洗费

提示：1.电子回单验证码相同表示同一笔业务回单，请勿重复记账使用。
2.已在银行柜台领用业务回单的单位，请注意核对，勿重复记账使用。

招商银行股份有限公司
电子回单专用章

图表 6-36

付 款 回 单　　　　招商银行

日期：2019年6月13日
付款账号：020018552014134
户名：北京南山居休闲度假有限公司
开户行：招商银行北京马连道支行
金额（大写）：壹仟壹佰捌拾玖元零玖分
（小写）：¥1 189.09
收款人户名：北京福瑞物业管理中心
收款人账号：0200567895690045623
收款人开户行：工商银行马连道支行

摘要：2019年6月份停车费

提示：1.电子回单验证码相同表示同一笔业务回单，请勿重复记账使用。
2.已在银行柜台领用业务回单的单位，请注意核对，勿重复记账使用。

招商银行股份有限公司
电子回单专用章

图表 6-37

1100143220 北京增值税专用发票 No 00275241 1100143220 0275253

发票联

开票日期：2019年6月13日

购货单位	名称：北京南山居休闲度假有限公司 纳税人识别号：91110710662364515P 地址、电话：北京市海淀区中关村大街5号 010-62322108 开户行及账户：招商银行北京马连道支行 020018552014134				密码区			
货物或应税劳务名称	规格型号	单位	数量	单价	金额	税率	税额	
停车费					1 090.91	9%	98.18	
合计					¥1 090.91		¥98.18	
价税合计（大写）	⊗壹仟壹佰捌拾元零玖分				（小写）¥1 189.09			
销货单位	名称：北京福瑞物业管理中心 纳税人识别号：91110109607654190J 地址、电话：北京市海淀区马连道12号 010-82327892 开户行及账户：工商银行马连道支行 0200567895690045623				备注	北京福瑞物业管理中心 91110109607654190J 发票专用章		

第三联：发票联 购买方记账凭证

收款人：张亚 复核：李泽 开票人：张亚 销售方：（章）

图表 6-38

付 款 回 单　　招商银行

日期：2019年6月14日

付款账号：020019791517813

付款人全称：北京新能源开发公司

开户行：中国建设银行北京花园路支行

金额（大写）：肆万元整

（小写）：¥40 000.00

收款人户名：北京南山居休闲度假有限公司

收款人账号：020018552014134

收款人开户行：招商银行北京马连道支行

摘要：预收款

提示：1.电子回单验证码相同表示同一笔业务回单，请勿重复记账使用。
2.已在银行柜台领用业务回单的单位，请注意核对，勿重复记账使用。

招商银行股份有限公司
电子回单专用章

图表 6-39

付款回单　　　　招商银行

日期：2019年6月17日
付款账号：02001855 2014134
户名：北京南山居休闲度假有限公司
开户行：招商银行北京马连道支行
金额（大写）：贰仟元整
（小写）：¥2 000.00
收款人户名：李大勇
收款人账号：6222000433 23198
收款人开户行：工商银行马连道支行

摘要：预借差旅费

提示：1.电子回单验证码相同表示同一笔业务回单，请勿重复记账使用。
2.已在银行柜台领用业务回单的单位，请注意核对，勿重复记账使用。

招商银行股份有限公司
电子回单专用章

图表 6-40

借　款　单

部门：运营部　　　　借款日期：2019年6月17日

借款人：李大勇	申请金额：¥2 000.00	项目名称：秦皇岛项目
借款事由：与客户洽谈合同事宜		
结算方式：网上银行		
备注：银行付讫		
领导批示：章求实	部门主管：王红	财务主管：马田園

会计：刘梦洁　　出纳：雷丝丝　　领款人：李大勇

图表 6-41

付 款 回 单　　　　招商银行

日期：2019年6月17日
付款账号：020018552014134
户名：北京南山居休闲度假有限公司
开户行：招商银行北京马连道支行
金额（大写）：柒万捌仟元整
（小写）：¥78 000.00
收款人户名：北京信息技术公司
收款人账号：0200567895690045624
收款人开户行：北京银行长阳支行
摘要：客房管理软件

提示：1.电子回单验证码相同表示同一笔业务回单，请勿重复记账使用。
2.已在银行柜台领用业务回单的单位，请注意核对，勿重复记账使用。

招商银行股份有限公司
电子回单专用章

图表 6-42

1100143220　　北京增值税专用发票　　No 00275241　1100143220
0275254

全国统一发票监制章 北京市

发 票 联　　开票日期：2019年6月17日

购货单位
名　　称：北京南山居休闲度假有限公司
纳税人识别号：91110710662364515P
地址、电话：北京市海淀区中关村大街5号　010-62322108
开户行及账户：招商银行北京马连道支行　020018552014134
密码区

货物或应税劳务名称	规格型号	单位	数量	单价	金额	税率	税额
客房管理软件	定制	套	1		73 584.91	6%	4 415.09
合计					¥73 584.91		¥4 415.09
价税合计（大写）	ⓧ柒万捌仟元整				（小写）¥78 000.00		

销货单位
名　　称：北京信息技术公司
纳税人识别号：91110109607654191J
地址、电话：北京市房山区信息园5号　010-82327893
开户行及账户：北京银行长阳支行　0200567895690045624
备注：北京信息技术公司 91110109607654191J 发票专用章

第三联：发票联　购买方记账凭证

收款人：王伟　　复核：李萌　　开票人：王伟　　销售方：（章）

图表 6-43

无形资产摊销表

2019 年 6 月 17 日

项目	原值	摊销方法	使用年限	净残值	月摊销额
客房管理软件	73 584.91	直线法	10	0	613.21
合计	73 584.91				613.21

会计主管：马田园　　　　制单：廖梅

图表 6-44

付 款 回 单　　　　招商银行

日期：2019年6月18日
付款账号：020018552014134
户名：北京南山居休闲度假有限公司
开户行：招商银行北京马连道支行
金额（大写）：伍仟元整
（小写）：¥5 000.00
收款人户名：北京精韵文旅工作室
收款人账号：0200567895690045625
收款人开户行：北京银行丰台支行
摘要：　预付服务费

提示：1.电子回单验证码相同表示同一笔业务回单，请勿重复记账使用。
2.已在银行柜台领用业务回单的单位，请注意核对，勿重复记账使用。

招商银行股份有限公司
电子回单专用章

图表 6-45

付 款 回 单　　　　**招商银行**

日期：2019年6月19日
付款账号：020018552014134
户名：北京南山居休闲度假有限公司
开户行：招商银行北京马连道支行
金额（大写）：陆佰元整
（小写）：¥600.00
收款人户名：北京福瑞物业管理中心
收款人账号：0200567895690045623
收款人开户行：工商银行马连道支行
摘要：6月份水电费

提示：1.电子回单验证码相同表示同一笔业务回单，请勿重复记账使用。
2.已在银行柜台领用业务回单的单位，请注意核对，勿重复记账使用。

招商银行股份有限公司
电子回单专用章

图表 6-46

1100143220　　**北京增值税普通发票**　　**No 00275241**　1100143220 0275255

发票联　　开票日期：2019年6月19日

购货单位	名　称：北京南山居休闲度假有限公司 纳税人识别号：91110710662364515P 地址、电话：北京市海淀区中关村大街5号　010-62322108 开户行及账户：招商银行北京马连道支行　020018552014134				密码区			
货物或应税劳务名称	规格型号	单位	数量	单价	金额	税率	税额	
水费					97.09	3%	2.91	
电费					442.48	13%	57.52	
合计					¥539.57		¥60.43	
价税合计（大写）	⊗陆佰元整				（小写）¥600.00			
销货单位	名　称：北京福瑞物业管理中心 纳税人识别号：91110109607654190J 地址、电话：北京市海淀区马连道12号　010-82327892 开户行及账户：工商银行马连道支行　0200567895690045623				备注	北京福瑞物业管理中心 91110109607654190J 发票专用章		

第二联：发票联 购买方记账凭证

收款人：张亚　　复核：李萍　　开票人：张亚　　销售方：（章）

图表 6-47

付 款 回 单　　　　招商银行

日期：2019年6月20日

付款账号：020018552014134

户名：北京南山居休闲度假有限公司

开户行：招商银行北京马连道支行

金额（大写）：伍万贰仟陆佰捌拾元整

（小写）：¥52 680.00

收款人户名：北京福瑞物业管理中心

收款人账号：0200567895690045623

收款人开户行：工商银行马连道支行

摘要：预付物业费、房租

提示：1.电子回单验证码相同表示同一笔业务回单，请勿重复记账使用。

2.已在银行柜台领用业务回单的单位，请注意核对，勿重复记账使用。

招商银行股份有限公司
电子回单专用章

图表 6-48

1100143220　　北京增值税专用发票　　No 00275241　1100143220 0275256

发 票 联

开票日期：2019 年 6 月 20 日

购货单位	名　　称：北京南山居休闲度假有限公司 纳税人识别号：91110710662364515P 地址 、 电话：北京市海淀区中关村大街5号　010-62322108 开户行及账户：招商银行北京马连道支行 020018552014134	密码区	

货物或应税劳务名称	规格型号	单位	数量	单价	金额	税率	税额
房租		月	3	15 000.00	45 000.00	9%	4 050.00
物业费		月	3	1 000.00	3 000.00	6%	180.00
合计					¥48 000.00		¥4 230.00
价税合计（大写）	⊗伍万贰仟贰佰叁拾元整				（小写）¥52 230.00		

销货单位	名　　称：北京福瑞物业管理中心 纳税人识别号：91110109607654190J 地址 、 电话：北京市海淀区马连道12号　010-82327892 开户行及账户：工商银行马连道支行　0200567895690045623	备注	北京福瑞物业管理中心 91110109607654190J 发票专用章

第三联：发票联 购买方记账凭证

收款人：张亚　　复核：李泽　　开票人：张亚　　销售方：（章）

图表 6-49

<table>
<tr><td colspan="9">1100143220　　北京增值税专用发票　　No 00275241　1100143220 0275257
发票联　　开票日期：2019年6月21日</td></tr>
<tr><td>购货单位</td><td colspan="5">名　　称：北京远大科技有限公司
纳税人识别号：91110108687607504P
地址、电话：北京市房山区政府路202号 010-51405614
开户行及账户：工商银行远大支行 020019791517814</td><td>密码区</td><td colspan="2"></td></tr>
<tr><td colspan="2">货物或应税劳务名称</td><td>规格型号</td><td>单位</td><td>数量</td><td>单价</td><td>金额</td><td>税率</td><td>税额</td></tr>
<tr><td colspan="2">客房服务</td><td></td><td></td><td></td><td></td><td>90 000.00</td><td>6%</td><td>5 400.00</td></tr>
<tr><td colspan="2">餐饮服务</td><td></td><td></td><td></td><td></td><td>80 000.00</td><td>6%</td><td>4 800.00</td></tr>
<tr><td colspan="2">合计</td><td></td><td></td><td></td><td></td><td>¥170 000.00</td><td></td><td>¥10 200.00</td></tr>
<tr><td colspan="2">价税合计（大写）</td><td colspan="7">ⓧ壹拾捌万零贰佰元整　　（小写）¥180 200.00</td></tr>
<tr><td>销货单位</td><td colspan="5">名　　称：北京南山居休闲度假有限公司
纳税人识别号：91110710662364515P
地址、电话：北京市海淀区中关村大街5号 010-62322108
开户行及账户：招商银行北京马连道支行 020018552014134</td><td>备注</td><td colspan="2">北京南山居休闲度假有限公司 91110710662364515P 发票专用章</td></tr>
</table>

第一联：记账联　销售方记账凭证

收款人：雷丝丝　　复核：马田園　　开票人：雷丝丝　　销售方：　（章）

图表 6-50

房租及物业费摊销表

编制单位：北京南山居休闲度假有限公司　　日期：2019年6月27日　　单位：元

项目	开始时间	入账金额	摊销月数	月摊销额	已摊销额	未摊销额
租金	2019年6月	45 000.00	3	15 000.00	15 000.00	30 000.00
物业费	2019年6月	3 000.00	3	1 000.00	1 000.00	2 000.00
合计		48 000.00		16 000.00	16 000.00	32 000.00

制单：廖梅　　复核：刘凯　　主管：王红琳

图表 6-51

借款利息计算表

编制单位：北京南山居休闲度假有限公司　　2019年6月28日

借款类别	借款金额	利率（月）	本月计提金额	备注
长期借款	300 000.00	0.6667%	2 000.00	

会计主管：马田園　　制单：廖梅

图表 6-52

工资计提汇总表（6月份工资表）

编制单位：北京南山居休闲度假有限公司　　日期：2019年6月28日　　单位：元

序号	职员编码	姓名	所属部门	费用归属	应付工资总额	个人保险、住房公积金	个人所得税	实发工资
1	101	章求实	总经理办公室	管理费用	7 500.00	1 215.00	173.5	6 111.50
2	201	马田园	财务部	管理费用	5 500.00	1 013.00	29.61	4 457.39
3	202	刘梦洁	财务部	管理费用	3 700.00	710	0	2 990.00
4	203	雷丝丝	财务部	管理费用	3 100.00	609	0	2 491.00
5	301	王红琳	人事行政部	管理费用	5 300.00	1 013.00	23.61	4 263.39
6	302	刘凯	人事行政部	管理费用	3 200.00	609	0	2 591.00
7	303	廖梅	人事行政部	管理费用	3 100.00	609	0	2 491.00
8	401	王红	运营部	主营业务成本	5 300.00	1 013.00	23.61	4 263.39
9	402	马松	运营部	主营业务成本	3 100.00	609	0	2 491.00
10	403	李大勇	运营部	主营业务成本	3 400.00	609	0	2 791.00
11	501	赵清	餐饮部	主营业务成本	5 900.00	1013	41.61	4 845.39
12	502	田玉红	餐饮部	主营业务成本	3 100.00	609	0	2 491.00
13	601	肖潇	后勤部	管理费用	3 700.00	710	0	2 990.00
14	602	顾飞	后勤部	管理费用	3 400.00	609	0	2 791.00
					59 300.00	10 950.00	291.9	48 058.06

会计主管：马田园　　制单：廖梅

图表 6-53

工资计算表

部门	管理费用	主营业务成本	总计
总经办	7 500.00		7 500.00
财务部	12 300.00		12 300.00
运营部		11 800.00	11 800.00
餐饮部		9 000.00	9 000.00
后勤部	7 100.00		7 100.00
人事行政部	11 600.00		11 600.00
合计	38 500.00	20 800.00	59 300.00

会计主管：马田园　　制单：廖梅

图表 6-54

6月份公司承担社保、公积金计提表

编制单位：北京南山居休闲度假有限公司　　日期：2019年6月28日　　单位：元

编码	姓名	所属部门	费用归属	社保基数	养老保险	医疗保险	失业保险	工伤保险	生育保险	社保合计	住房公积金
101	章求实	总经理办公室	管理费用	6 000.00	1 200.00	600.00	60.00	30.00	48.00	1 938.00	600.00
201	马田园	财务部	管理费用	5 000.00	1 000.00	500.00	50.00	25.00	40.00	1 615.00	500.00
202	刘梦洁	财务部	管理费用	3 500.00	700.00	350.00	35.00	17.50	28.00	1 130.50	350.00
203	雷丝丝	财务部	管理费用	3 000.00	600.00	300.00	30.00	15.00	24.00	969.00	300.00
301	王红琳	人事行政部	管理费用	5 000.00	1 000.00	500.00	50.00	25.00	40.00	1 615.00	500.00
302	刘凯	人事行政部	管理费用	3 000.00	600.00	300.00	30.00	15.00	24.00	969.00	300.00
303	廖梅	人事行政部	管理费用	3 000.00	600.00	300.00	30.00	15.00	24.00	969.00	300.00
401	王红	运营部	主营业务成本	5 000.00	1 000.00	500.00	50.00	25.00	40.00	1 615.00	500.00
402	马松	运营部	主营业务成本	3 000.00	600.00	300.00	30.00	15.00	24.00	969.00	300.00
403	李大勇	运营部	主营业务成本	3 000.00	600.00	300.00	30.00	15.00	24.00	969.00	300.00
501	赵清	餐饮部	主营业务成本	5 000.00	1 000.00	500.00	50.00	25.00	40.00	1 615.00	500.00
502	田玉红	餐饮部	主营业务成本	3 000.00	600.00	300.00	30.00	15.00	24.00	969.00	300.00
601	肖潇	后勤部	管理费用	3 500.00	700.00	350.00	35.00	17.50	28.00	1 130.50	350.00
602	顾飞	后勤部	管理费用	3 000.00	600.00	300.00	30.00	15.00	24.00	969.00	300.00
					10 800.00	5 400.00	540.00	270.00	432.00	17 442.00	5 400.00

会计主管：马田园　　制单：廖梅

图表 6-55

固定资产折旧计算表

2019年6月28日　　单位：元

设备名称	使用部门	使用月数	折旧方法	金额（元）	预计净残值	本月折旧额
计算机	后勤部	27	直线法	3 000.00	150.15	105.55
计算机	总经理办公室	36	直线法	4 000.00	200.00	105.55
计算机	财务部	36	直线法	4 000.00	200.00	105.55
计算机	人事行政部	36	直线法	4 000.00	200.00	105.55
打印机	人事行政部	36	直线法	6 000.00	300.00	158.33
传真机	人事行政部	36	直线法	3 600.00	180.00	95.00
客房家具	运营部	60	直线法	57 000.00	3000.00	900.00
电视机	运营部	36	直线法	20 000.00	2000.00	500.00
抽油烟机	餐饮部	60	直线法	6 416.00	416.00	100.00
电开水器	餐饮部	60	直线法	4 500.00	300.00	70.00
冷柜	餐饮部	60	直线法	2 600.00	200.00	40.00

续表

设备名称	使用部门	使用月数	折旧方法	金额（元）	预计净残值	本月折旧额
办公桌椅	总经理办公室	60	直线法	8 000.00	400.00	126.67
办公桌椅	财务部	60	直线法	8 000.00	400.00	126.67
办公桌椅	人事行政部	60	直线法	8 000.00	400.00	126.67
办公桌椅	运营部	60	直线法	8 000.00	400.00	126.67
商务车	后勤部	48	直线法	90 000.00	4 512	1 781.00
小计				237 116.00		4 573.21

会计主管：马田园　　　　制单：廖梅

图表 6-56

计提税金明细表

2019 年 6 月 28 日

项　　目	计提基数	税　　率	税　　额
应交城市维护建设税	1 456.73	7%	101.97
应交教育费附加	1 456.73	3%	43.70
应交地方教育费附加	1 456.73	2%	29.13
合计			174.80

会计主管：马田园　　　　制单：廖梅

图表 6-57

单位：元

会计科目	本期发生额（借方）	会计科目	本期发生额（贷方）
主营业务成本	47 186.88	主营业务收入	170 000.00
税金及附加	174.80		
管理费用	64 332.45		
销售费用			
财务费用	2 000.00		
合计	113 694.13	合计	170 000.00

会计主管：马田园　　　　制单：廖梅

图表 6-58

所得税计算表

2019 年 6 月 30 日

项　　目	本季度利润总额	所得税率	本季度预交所得税
金额	65 770.28	25%	16 442.57
合计	65 770.28		16 442.57

会计主管：马田园　　　　制单：廖梅

图表 6-59

科目汇总表

年　月　日

科目编码	科目名称	借方	贷方
	库存现金		
	银行存款		
	应收票据		
	应收账款		
	预付账款		
	其他应收款		
	固定资产		
	累计折旧		
	无形资产		
	累计摊销		
	应付账款		
	合同负债		
	应交税费		
	应付职工薪酬		
	应收利息		
	长期借款		
	实收资本		
	资本公积		
	盈余公积		
	本年利润		
	利润分配		
	主营业务收入		
	主营业务成本		
	税金及附加		
	管理费用		
	财务费用		
	所得税费用		
	合　　计		

图表 6-60

资产负债表

会企 01 表

编制单位：　　　　　　　　　　　　年　月　日　　　　　　　　　　　　单位：元

资产	期末余额	负债及所有者权益	期末余额
流动资产：		流动负债：	
货币资金		短期借款	
交易性金融资产		交易性金融负债	
衍生金融资产		衍生金融负债	
应收票据		应付票据	
应收账款		应付账款	
应收款项融资		预收款项	
预付款项		合同负债	
其他应收款		应付职工薪酬	
存货		应交税费	
合同资产		其他应付款	
持有待售资产		持有待售负债	
一年内到期的非流动资产		一年内到期的非流动负债	
其他流动资产		其他流动负债	
流动资产合计		流动负债合计	
非流动资产：		非流动负债：	
债权投资		长期借款	
其他债权投资		应付债券	
长期应收款		其中：优先股	
长期股权投资		永续债	
其他权益工具投资		租赁负债	
其他非流动金融资产		长期应付款	
投资性房地产		预计负债	
固定资产		递延收益	
在建工程		递延所得税负债	
生产性生物资产		其他非流动负债	
油气资产		非流动负债合计	
使用权资产		负债合计	
无形资产		所有者权益(或股东权益)：	
开发支出		实收资本（或股本）	
商誉		其他权益工具	

续表

资产	期末余额	负债及所有者权益	期末余额
长期待摊费用		其中：优先股	
递延所得税资产		永续债	
其他非流动资产		资本公积	
非流动资产合计		减：库存股	
		其他综合收益	
		专项储备	
		盈余公积	
		未分配利润	
		所有者权益（或股东权益）合计	
资产总计		负债和所有者权益（或股东权益）总计	

图表 6-61

利润表

会企 02 表

编制单位： 年 月 单位：元

项 目	本年累计金额
一、营业收入	
减：营业成本	
税金及附加	
销售费用	
管理费用	
研发费用	
财务费用	
其中：利息费用	
利息收入	
加：其他收益	
投资收益（损失以“-”号填列）	
其中：对联营企业和合营企业的投资收益	
以摊余成本计量的金融资产终止确认收益（损失以“-”号填列）	
净敞口套期收益（损失以“-”号填列）	
公允价值变动收益（损失以“-”号填列）	
信用减值损失（损失以“-”号填列）	
资产减值损失（损失以“-”号填列）	

续表

项　　目	本年累计金额
资产处置收益（损失以"-"号填列）	
二、营业利润（亏损以"-"号填列）	
加：营业外收入	
减：营业外支出	
三、利润总额（亏损总额以"-"号填列）	
减：所得税费用	
四、净利润（净亏损以"-"号填列）	
（一）持续经营净利润（净亏损以"-"号填列）	
（二）终止经营净利润（净亏损以"-"号填列）	
五、其他综合收益税后净额	
（一）不能重分类进损益的其他综合收益	
1．重新计量设定受益计划变动额	
2．权益法下不能转损益的其他综合收益	
3．其他权益工具投资公允价值变动	
4．企业自身信用风险公允价值变动	
……	
（二）将重分类进损益的其他综合收益	
1．权益法下可转损益的其他综合收益	
2．其他债权投资公允价值变动	
3．金融资产重分类计入其他综合收益的金额	
4．其他债权投资信用减值准备	
5．现金流量套期储备	
6．外币财务报表折算差额	
……	
六、综合收益总额	
七、每股收益：	
（一）基本每股收益	
（二）稀释每股收益	

图表 6-62

现金流量表

会企 03 表

编制单位：　　　　　　　　年　月　　　　　　　　单位：元

项　目	本期金额	上期金额
一、经营活动产生的现金流量		
销售商品、提供劳务收到的现金		
收到的税费返还		
收到其他与经营活动有关的现金		
经营活动现金流入小计		
购买商品、接受劳务支付的现金		
支付给职工及为职工支付的现金		
支付的各项税费		
支付其他与经营活动有关的现金		
经营活动现金流出小计		
经营活动产生的现金流量净额		
二、投资活动产生的现金流量		
收回投资收到的现金		
取得投资收益收到的现金		
处置固定资产、无形资产和其他长期资产收回的现金净额		
处置子公司及其他营业单位收到的现金净额		
收到其他与投资活动有关的现金		
投资活动现金流入小计		
购建固定资产、无形资产和其他长期资产支付的现金		
投资支付的现金		
取得子公司及其他营业单位支付的现金净额		
支付其他与投资活动有关的现金		
投资活动现金流出小计		
投资活动产生的现金流量净额		
三、筹资活动产生的现金流量		
吸收投资收到的现金		
取得借款收到的现金		
收到其他与筹资活动有关的现金		
筹资活动现金流入小计		
偿还债务支付的现金		
分配股利、利润或偿付利息支付的现金		
支付其他与筹资活动有关的现金		
筹资活动现金流出小计		
筹资活动产生的现金流量净额		
四、汇率变动对现金及现金等价物的影响		
五、现金及现金等价物净增加额		
加：期初现金及现金等价物余额		
六、期末现金及现金等价物余额		

活动 3　知识拓展——学习会计报表的装订

【情景导入】

转眼就到了 6 月底，王涵和师傅一起根据总分类账和明细分类账的记录编制资产负债表、利润表、现金流量表后，开始对其进行装订。这对王涵来说也是一项全新的工作内容，我们一起来试着做一做吧。

专业知识链接

会计报表装订的要领如下：

（1）会计报表编制完成及时报送后，留存的报表按月装订成册，谨防丢失。

（2）会计报表装订前要按编报目录核对是否齐全，整理报表页数，上边和左边对齐压平，防止折角，如有损坏部位，修补后完整无缺地装订。

（3）会计报表装订顺序为：会计报表封面、会计报表编制说明、各种会计报表按会计报表的编号顺序排列、会计报表封底。

（4）按保管期限编制卷号。

反侵权盗版声明

举报电话：（010）88254396；（010）88258888
传　　真：（010）88254397
E-mail:　　dbqq@phei.com.cn
通信地址：北京市海淀区万寿路173信箱
　　　　　电子工业出版社总编办公室
邮　　编：100036